新債権法が
重要判例に与える
影響

松尾博憲・山野目章夫［著］

一般社団法人 **金融財政事情研究会**

はしがき

　民法の一部を改正する法律（平成29年法律第44号。以下「改正法」という）
および民法の一部を改正する法律の施行に伴う関連法律の整備等に関する法
律（平成29年法律第45号）が平成29年5月26日に成立し、先行して施行され
る附則の一部を除き、改正法は2020（平成32）年4月1日に施行されること
が決定されている（民法の一部を改正する法律の施行期日を定める政令（平成29
年政令第309条））。

　改正法によって、民法の債権関係の規定の多くが改正されることになる。
その解釈論や改正法施行後の契約書の見直し等の実務への影響については、
改正法の成立前から、すでに多くの論考や書籍が著されているところであ
る。

　それに比して、現行法のもとでの重要判例が改正法のもとでどのように位
置づけられることになるのかについては、いまだ十分な検討がされていると
は言いがたいように思われる。改正法は、民法を国民一般にわかりやすいも
のとすることを目的の一つとして、現行法のもとで確立した判例の考え方を
条文に取り込んでいる。それでもなお残された多くの判例については、前提
となる現行法のルールが改められたことに伴って、結論に影響を生ずるもの
か、検討を行う必要があると考えられる。また、改正法において明文化され
た判例についても、あらためて判例の考え方を確認することは、条文の適用
範囲等の解釈論を探るうえでも有益であると考えられる。

　また、判例は、実際に問題が生じた事案をベースに裁判所が法解釈を示し
たものであるところ、改正法の実際上の影響を理解するためにこれらの過去
の判例をベースに検討することは、一つの重要なアプローチであるといえ
る。

　以上の点から、筆者らでこれまでの重要判例の改正法のもとにおける位置

づけを検討し、その結果を刊行することとしたものである。

本書の執筆にあたっては、改正の対象となった論点ごとに重要な判例（一部は下級審裁判例）を取り上げ、現行法下における解決を確認した上で、その事案が改正法の下でどのように解決されることになるかを検討した。もっとも、わかりやすさの観点から事案を一部簡略化し、あるいは、類似の設例に置き換えている。

なお、筆者らは、法制審議会民法（債権関係）部会の幹事および事務当局の一員として、立案過程に関与したものであるが、本書のうち意見にわたる部分は、同部会を含めて、筆者らが過去に所属し、または現に所属する組織の見解ではないことをお断りしておく。

最後に、本書の刊行にあたっては、株式会社きんざいの田島正一郎氏および池田知弘氏に大変お世話になった。この場を借りて、御礼を申し上げる。

平成30年4月

山野目章夫

松尾　博憲

【著者紹介】（平成30年4月現在）

松尾　博憲（まつお　ひろのり）

長島・大野・常松法律事務所、弁護士。平成16年東京大学法学部卒業、平成17年弁護士登録（第一東京弁護士会）。平成21〜27年法務省民事局付（民法改正法の立案を担当）、平成28〜30年法務省民事局調査員。

山野目　章夫（やまのめ　あきお）

早稲田大学大学院法務研究科教授。昭和33年生まれ。昭和56年に東北大学法学部を卒業し、同学部助手などを経て、平成12年に早稲田大学法学部教授。平成16年4月より現職。エクス・マルセイユ第三大学客員教授（平成15年3月、平成18年3月）。

凡　例

○民法の表記

　本書では以下のように使い分ける。

・「改正前法」：民法の一部を改正する法律（平成29年法律第44号）による改正前の
　　民法

・「新法」：民法の一部を改正する法律（平成29年法律第44号）による改正後の民法

・「新○条」：新法で新しく設けられた条文

・「○条」：民法の一部を改正する法律（平成29年法律第44号）の改正の前後で変わ
　　らない条文

○文献の表記

民録：大審院民事判決録

民集（大審院）：大審院民事判例集

民集（最高裁判所）：最高裁判所民事判例集

集民：最高裁判所裁判集民事

家月：家庭裁判月報

曹時：法曹時報

新聞：法律新聞

金法：金融法務事情

判時：判例時報

判タ：判例タイムズ

部会資料：「法制審議会民法（債権関係）部会　部会資料項目一覧」に掲載の番号

目　次

1　意思無能力無効
［大判明治38年 5 月11日民録11輯706頁］
山野目　章夫

1　改正前法における解決 ……………………………………………… 2

2　改正の内容 …………………………………………………………… 4

3　新法のもとにおける問題状況 ……………………………………… 5

2　錯誤法と債務不履行法との交錯
［大判大正 6 年 2 月24日民録23輯284頁］
山野目　章夫

1　改正前法における解決 ……………………………………………… 7

2　改正の内容 …………………………………………………………… 9

3　新法のもとにおける問題状況 ………………………………………10

3　代理人の行為能力
［最判平成18年 7 月14日判時1946号45頁］
山野目　章夫

1　改正前法における解決 ………………………………………………15

2　改正の内容 ……………………………………………………………16

3　新法における解決 ……………………………………………………17

4 消滅時効の主観的起算点──債権者が個人の場合
[札幌高判平成26年9月25日判時2245号31頁]

山野目　章夫

1　改正前法における解決 ……………………………………………… 19

2　改正の内容 …………………………………………………………… 20

3　新法における解決 …………………………………………………… 20

5 消滅時効の主観的起算点──債権者が法人の場合
[福岡高判昭和62年12月10日判時1278号88頁]

松尾　博憲

1　改正前法における解決 ……………………………………………… 24

2　新法のもとでの消滅時効制度 ……………………………………… 26

3　新法における解決 …………………………………………………… 27

6 時効障害──仮差押え
[最判平成10年11月24日民集52巻8号1737頁]

山野目　章夫

1　改正前法における解決 ……………………………………………… 30

2　改正の内容 …………………………………………………………… 32

3　新法における解決 …………………………………………………… 32

7 時効障害──催告
[最判平成25年6月6日民集67巻5号1208頁]

山野目　章夫

1　改正前法における解決 ……………………………………………… 33

2　改正の内容 …………………………………………………………… 35

3　新法における解決 …………………………………………………… 37

8 逸失利益の中間利息控除
[最判平成17年6月14日民集59巻5号983頁]

山野目　章夫

1　改正前法における解決 ……………………………………… 38

2　改正の内容 …………………………………………………… 39

3　新法における解決 …………………………………………… 40

9 履行補助者
[最判平成7年6月9日民集49巻6号1499頁]

山野目　章夫

1　改正前法における解決 ……………………………………… 44

2　改正の内容 …………………………………………………… 48

3　新法のもとにおける問題状況の展望 ……………………… 49

10 債権者代位権
[大判昭和14年5月16日民集18巻557頁]

山野目　章夫

1　改正前法における解決 ……………………………………… 51

2　改正の内容 …………………………………………………… 53

3　新法における解決 …………………………………………… 53

11 転用型の債権者代位権
[大判明治43年7月6日民録16輯537頁]

松尾　博憲

1　改正前法における解決 ……………………………………… 57

2　新法のもとでの債権者代位権の転用に関する規定 ……… 60

3　新法における解決 …………………………………………… 61

目　次　vii

12 詐害行為取消権の相対効
［最判平成13年11月16日金法1670号63頁］

松尾　博憲

1　改正前法における解決 ……………………………………………… 62

2　新法のもとでの詐害行為取消権の効力 ………………………… 66

3　新法における解決 …………………………………………………… 67

13 根 保 証
［最判平成24年12月14日民集66巻12号3559頁］

松尾　博憲

1　改正前法における解決 ……………………………………………… 69

2　新法のもとでの根保証に関するルール ………………………… 72

3　新法における解決 …………………………………………………… 73

14 債権譲渡（譲渡制限特約）
［最判平成 9 年 6 月 5 日民集51巻 5 号2053頁（設例①）］
［最判平成21年 3 月27日民集63巻 3 号449頁（設例②）］

松尾　博憲

1　改正前法における解決 ……………………………………………… 76

2　新法のもとでの譲渡制限特約の効力 …………………………… 80

3　新法における解決 …………………………………………………… 82

4　新法におけるその他の問題 ……………………………………… 84

15 異議をとどめない承諾

[最判平成27年 6 月 1 日民集69巻 4 号672頁]
[最判昭和42年10月27日民集21巻 8 号2161頁]
[最判平成 9 年11月11日民集51巻10号4077頁]

松尾　博憲

1　改正前法における解決 ………………………………………… 86
2　新法のもとでの抗弁の切断 …………………………………… 90
3　新法における解決 ……………………………………………… 91

16 併存的債務引受の効果（連帯債務）

[最判昭和41年12月20日民集20巻10号2139頁]

松尾　博憲

1　改正前法における解決 ………………………………………… 96
2　新法のもとでの併存的債務引受 ……………………………… 98
3　新法における解決 …………………………………………… 100

17 弁済（担保保存義務免除特約）

[最判平成 7 年 6 月23日民集49巻 6 号1737頁]

松尾　博憲

1　改正前法における解決 ……………………………………… 102
2　新法のもとでの担保保存義務および担保保存義務免除特約 … 107
3　新法における解決 …………………………………………… 109

18 相　殺
［最判平成25年 2 月28日民集67巻 2 号343頁（設例①）］
［最判昭和56年 7 月 2 日民集35巻 5 号881頁（設例②）］

松尾　博憲

1　改正前法における解決 ………………………………………… 111

2　新法のもとでの相殺制度 ……………………………………… 115

3　新法における解決 ……………………………………………… 116

19 約款の拘束力
［大判大正 4 年12月24日民録21輯2182頁］

松尾　博憲

1　改正前法における解決 ………………………………………… 119

2　新法の定型約款に関する規律 ………………………………… 122

3　新法における解決 ……………………………………………… 123

20 履行拒絶の効果
［大判大正15年11月25日民集 5 巻763頁］

山野目　章夫

1　改正前法における解決 ………………………………………… 127

2　改正の内容 ……………………………………………………… 128

3　新法のもとでの考え方 ………………………………………… 128

21 特定物の売買
［最判平成22年 6 月 1 日民集64巻 4 号953頁］

山野目　章夫

1　改正前法における解決 ………………………………………… 132

2　改正の内容 ……………………………………………………… 134

3　新法における解決 ………………………………………… 134

22　種類物の売買
［最判昭和36年12月15日民集15巻11号2852頁］　　　山野目　章夫

1　改正前法における解決 …………………………………… 137
2　改正の内容 ………………………………………………… 140
3　新法における解決 ………………………………………… 140

23　売買と品質保証
［大判昭和8年1月14日民集12巻71号］　　　松尾　博憲

1　改正前法における解決 …………………………………… 142
2　新法のもとでの売主の担保責任 ………………………… 145
3　新法における解決 ………………………………………… 145

24　消費貸借
［最判昭和33年6月6日民集12巻9号1373頁］　　　山野目　章夫

1　改正前法における解決 …………………………………… 147
2　改正の内容 ………………………………………………… 148
3　新法のもとにおける問題状況 …………………………… 149

25　使用貸借
［最判昭和42年11月24日民集21巻9号2460頁］　　　山野目　章夫

1　改正前法における解決 …………………………………… 150

2 改正の内容 ……………………………………………………… 151

3 新法における解決 ……………………………………………… 151

26 賃貸人である地位の留保
［最判平成11年3月25日判時1674号61頁］ 山野目　章夫

1 改正前法における解決 ………………………………………… 153

2 改正の内容 ……………………………………………………… 154

3 新法における解決 ……………………………………………… 155

27 賃貸借と原状回復義務
［最判平成17年12月16日判時1921号61頁］ 松尾　博憲

1 改正前法における解決 ………………………………………… 157

2 新法のもとでの原状回復義務 ………………………………… 159

3 新法における解決 ……………………………………………… 160

28 雇用と危険負担
［最判昭和62年4月2日判時1244号126頁］ 松尾　博憲

1 改正前法における解決 ………………………………………… 161

2 新法のもとでの危険負担制度 ………………………………… 164

3 新法における解決 ……………………………………………… 165

29 **請負報酬債権と瑕疵担保責任に基づく損害賠償請求権との相殺**
[最判平成 9 年 2 月14日民集51巻 2 号337頁]
[最判平成 9 年 7 月15日民集51巻 6 号2581頁]
松尾　博憲

　1　改正前法における解決 ……………………………………………… 167
　2　新法のもとでの請負の担保責任 …………………………………… 170
　3　新法における解決 …………………………………………………… 171

30 **委　　任**
[最判昭和56年 1 月19日民集35巻 1 号 1 頁]
松尾　博憲

　1　改正前法における解決 ……………………………………………… 173
　2　新法のもとでの委任者の任意解除権 ……………………………… 176
　3　新法における解決 …………………………………………………… 179

事項索引 ……………………………………………………………………… 181

条文索引 ……………………………………………………………………… 185

判例索引 ……………………………………………………………………… 189

1 意思無能力無効

[大判明治38年 5 月11日民録11輯706頁]

山野目　章夫

設 例

　Aは、とある年の 3 月 2 日当時、甲・乙の土地を所有しており、いずれもAを所有権の登記名義人とする登記がされていた。Aは、同日当時、83歳であり、事理弁識能力が減退していた可能性がある。

　B・Cは、Aの子である。

　A・Bは、同日、Aが、Bに対し甲土地を贈与する旨の契約を締結し、同月末までにAからBへの所有権の移転の登記がされた。また、同月28日、A・Dは、代金を1200万円と定め、Aが甲土地をDに売る旨の契約を締結し、この契約に基づき、Dは、Aに対し、代金の一部として600万円を支払った。

　さらに、Aは、同年 6 月 1 日、自筆証書による遺言をした。この遺言には、乙土地をCに相続させる旨が記されている。

　そして、Aは、翌 7 月20日、病没した。

❶　Aが 3 月 2 日の贈与契約をした当時、意思能力がなかった場合において、Dは、AからBへの所有権の移転の登記の抹消手続を請求することができるか。

❷　Aが 6 月 1 日の遺言をした当時、意思能力がなかった場合において、Bは、同遺言の無効を主張することができるか。

1　改正前法における解決

　Aが贈与および遺言をした当時に意思能力がなかったものであるから、これらの法律行為は、無効である。

　意思能力を欠く状態でされた意思表示の効力は、改正前法に規定がない。しかし、判例は、意思表示の性質上当然のことであるとして、これを無効であると解し[1]、この解釈が一般にも定着している。

　問われなければならないことは、この無効を主張することができる者は、だれであるか、ということにほかならない。

　もちろん、無効というものの一般原則は、何人からでも主張することができる、ということである。

　けれども、それは原則であり、例外はありうる。考えなければならないことは、無効とされる趣旨である。意思無能力無効は、改正前法のもとにおける錯誤無効と同様に、表意者を保護する趣旨で認められるものであるから、意思表示の相手方や純然たる第三者からの無効主張を認める必要はなく、また、それらの者らからの無効主張を認めることは相当でない[2]。その半面において、表意者本人からの無効主張が認められることは、当然である。とはいえ、実際上困難な問題はある。錯誤無効と異なり、意思無能力で意思表示をした者は、その後も本心に復することなく、事理弁識能力を欠く状態が続くことが多い。現実に、意思無能力無効を立言した上掲の判例は、問題の意思表示の後で当時の制度における禁治産が宣告される展開を意識した判示をしている。今日においても、意思無能力で意思表示がされた後で表意者に対し後見開始の審判がされた場合は、成年後見人が有する包括的な代理権（859条1項）に基づき、同人が意思無能力を理由とする無効を主張することができることを疑う余地はない。

1　大判明治38年5月11日民録11輯706頁。
2　山本敬三『民法講義Ⅰ／総則〔第3版〕』（有斐閣、2011年）41頁。

微妙な仕方で問われるものは、それ以外の表意者の"側"の人々である。

小問❶のDは、Dによる意思無能力無効の主張の可能性が排斥されるなら ば、Bとは対抗問題理に抗争するほかなく、登記がBへされているからに は、Dが甲土地の所有権を取得するチャンスはない。ここでDに意思無能力 の主張を認めるべきであるか。このような局面の解決は、これまで必ずしも 論議がされていない。DがA・B間の贈与契約が意思無能力により無効であ ると主張することはできない、という見解も考えられないことはない。意思 無能力無効は表意者保護を旨とする制度であるから表意者のみが主張するこ とができるとする考え方である。現実にAは意思無能力であるか、または死 亡しているから、実際に意思無能力無効を主張することになる者は、Aの財 産を管理処分する権限を有する法定代理人がいる場合は同人であり、Aが死 亡した後はAの包括承継人であるということになる。

これに対し、Dが無効を主張することができるとする場合は、その際も、 どのような論理構成でそれを認めるか、説明の仕方の工夫が求められる。一 つの見方として、Dは、Aの債権者であり、売買契約の履行を請求すること ができる立場にあるから、Aに代位し、債権者代位権の行使として無効を主 張することができる、という論理は、検討に価する。また別の見方として、 A・B間の贈与契約の効力により影響を受ける法律上の利害関係をDが有す るから、という論理の組立てもありうる。債権者代位権構成は、等しく表意 者保護をねらいとする錯誤無効についてもとられてきた。しかし、そこでは 債務者が錯誤を自認していることを要件とするという制約が課せられてきた ものであり[3]、これと同じ要件が意思無能力無効の場合に親しむか、疑問も ある。また、そもそもDは、債権者であるか。A・D間の売買契約もまたA の意思無能力により無効であるということになるならば、Dは、債権者では ない。そして、そのことをBが主張することができるか、という問題をめぐ

---

3 最判昭和45年3月26日民集24巻3号151頁。

り、同じ考察が要請されることにより、事態はメビウスの輪のように論理の循環を呈する。これらの論理の隘路を打開することができなければ、やはりDが独立した利害関係を有するというアプローチに赴くことになるが、そこでは、どのように利害関係の範囲基準を見定めるかが、問われる。

　小問❷のBによる遺言無効の主張は、どうであるか。前提として確かめておかなければならないことは、この主張がされる時期は、Aについて相続が開始した後である、ということにほかならない。Aの生前に関係者が遺言無効確認の訴えを提起することは、意思能力を回復した表意者が遺言を撤回する可能性（1022条）があることを考えると、即時確定の利益を欠き、認められない[4]。Aについての相続開始後において、Bは、Aの包括承継人であると考えられるものであり、Aが有していた無効主張権者の地位を承継するようにみえる。この方向から論理を推してゆくと、Bが遺言の無効を主張することは可能であると考えられる。もっとも、設例の与件を改め、BがAの兄であり、かつAが乙土地のみならず財産の全部をCに与える旨の相続分指定の遺言または包括遺贈をしていた場合は、どうか。この種の場合の解決も、従来は論議がされていない。Bを相続人とみることができないと考える余地がある。相続人が遺言者の意思無能力を主張することができる、という基準を前提とする限り、ここでも論理の循環に窮することになりかねない。無効を主張する前提として相続人であるということを主張するためには無効であることが主張されることでなければならない。そこに、やはり独立した利害関係という基準によるアプローチに赴かせる契機が見出される。

2　改正の内容

　今般の立法論議の初期の段階においては、意思無能力無効の効果を取消可能とすることも検討された。新法の規定は、これをとらず、従来の解釈

4　最判昭和31年10月4日民集10巻10号1229頁。

を明文化して、効果を無効であるとする旨の規定が設けられる（新3条の2）。

3　新法のもとにおける問題状況

新3条の2は、従来において解釈上認められていたことを明文で確認するものにすぎない。したがって、設例の解決は、見解が分かれる可能性がある部分も含め、従来と異ならない。

この改正により研究動向には、どのような影響が考えられるか。錯誤の効果が取消可能となることにより、いわゆる〈取消的無効〉をめぐる問題状況は、新しい段階を迎える。はっきりと無効の主張権者に限定があると解されるものの例が、いままでは錯誤と意思無能力と二つあった。意思無能力でした法律行為を無効とした判例は、その理由として、当時の禁治産宣告を受ける前の段階でした法律行為が、禁治産を理由とする取消しはできないにしても、意思表示の時に意思能力がなかったことが明らかであれば無効になる、というふうに、禁治産宣告の前駆措置として意思無能力無効を考えるものであった。意思無能力無効を表意者の側からのみ主張させるという解釈論は、この論理の自然の延長として導かれたものである。この解決は、意思無能力無効が明文化されてからも、維持されるものと考えられる。

これからは、意思無能力のほかに、表意者の側からのみ無効主張が許される類型の無効がないか、引き続き学術研究の関心対象となる。いわゆる消費者公序に基づく公序良俗無効を考えなければならない消費者契約が、消費者の側からのみ無効主張を許すべきではないか、といった考え方は、さらに深められてよい。

また、意思無能力無効それ自体についてみる際は、今般の改正前後において、表意者"の側"からのみ無効を主張することができる、という解決を考えるという基調それ自体に態度変更を考える必要はない。しかし、すでに観察したとおり、改正前法の解釈として、その表意者"の側"の範疇に含まれ

1　意思無能力無効　5

る者とそうでない者とを識別する基準に関し深められた論議がされていない。この点が、引き続き考究されることが望まれる。

2 錯誤法と債務不履行法との交錯

[大判大正6年2月24日民録23輯284頁]

山野目　章夫

設 例

「苺ショートを1個ください」「はい、かしこまりました」。この経過で成立が認められる売買契約の目的物に苺が欠けている場合は、どのように考えることがよいか。

1　改正前法における解決

　もともと483条は、現状で引渡しさえすれば債務不履行責任を負わない、などという規範記述をしていない。まず、感覚的な法文の読み方が、そのような理解を誘った。同条は、現状で引き渡さなければならない、と定めている。

　また、もともとドグマという言葉は、悪いものを指す意味を含んでいない。くわえて、また反対に、論証抜きで受け容れなければならない絶対の真理とまでする意味もない。特定物は現状で引き渡すことでよい、という考え方を擁護する側も、非難する側も、ドグマという言葉に独特の語感を与えて論議をしてきた。もともとは教義ないし教説という意味である。

　「現状」という一つの状態にある物を売買の目的とするものであるから、それを超えて物が有する性状は、契約に基づく債務の内容とならない、という思考は、特定物ドグマと呼ばれ、483条により実定法上採用されている、と説かれてきた。この考え方が、通説の雰囲気を醸す位置を占めた。

　判例は、「当事者カ馬匹ノ年齢及ヒ受胎能力ノ存在ニ重キヲ措キ之ヲ以テ

意思表示ノ内容ト為シタ」と認められる事案について、「物ノ性状ノ如キハ通常法律行為ノ縁由タルニ過キスシテ其性状ニ錯誤アルカ為メ法律行為ノ無効ヲ来タサザルハ論ヲ竢タスト雖モ表意者カ之ヲ以テ意思表示ノ内容ヲ構成セシメ其性状ヲ具有セサルニ於テハ法律行為ノ効力ヲ発生セシムルコトヲ欲セス而カモ取引ノ観念事物ノ常況ニ鑑ミ意思表示ノ主要部分ト為ス程度ノモノト認メ得ラルルトキハ是レ亦法律行為ノ要素ヲ成スヲ以テ其錯誤ハ意思表示ノ無効ヲ来タスヘキモノトス」と判示し、同じ考え方をとる原審を支持した[1]。

　ここにすでに、若干の論理の蛇行がみられる。「性状は縁由にすぎない」→「（しかし）契約の内容になることがある」→「その場合は性状も内容となる」、という論理の運びであるが、それならば初めから、縁由にすぎない、という中間命題を経由することなく、性状が内容になるかどうか、を問えばよいのではないか。わざわざ縁由にすぎない、と述べるから、話がややこしくなる。この事件の上告理由が原審を非難して、「性状ヲ以テ法律行為ノ縁由ト認メ従テ売買行為ノ縁由ト認メナカラ尚且之ヲ以テ行為ノ要素ト為シタルハ前後矛盾モ甚シト云ウヘク依テ以テ本件売買契約ヲ無効ト為シタルハ法則ヲ不当ニ適用シタル違法アリト謂ウ可シ」と述べるところは、あながち的外れなものではない。

　"苺ショート"とよばれるケーキを売買の目的とする場合において、その現物が目的物であるからそれを引き渡せば足りる、ということが原則ではあるが、しいて"苺"ショートを買う、という当事者の意図からして、苺が載ることが内容になっているとみられる——という論理の運びをすることが、従来の問題状況においては、考えられたところであろう。玄人好みの言説ではあるが、実に持って回ったロジックである。"苺ショート"を売ったのだから苺を欠くことはいけませんよ、と端的に述べればよいことではないか。

1　大判大正6年2月24日民録23輯284頁。

2　改正の内容

　新しい錯誤の規律は、法文上、錯誤を二つの類型に分け、いずれも効果を取消可能とする。類型の第一は、「意思表示に対応する意思を欠く」意思表示に錯誤があるとされる場面であり、これを「取り消すことができる」とされる（新95条1項1号）。第二は、基礎事情の錯誤ともいうべき類型であり、「表意者が法律行為の基礎とした事情についてのその認識が真実に反する錯誤」がある意思表示は、第一の類型と同じように「錯誤が法律行為の目的及び取引上の社会通念に照らして重要なものである」場合において、「その事情が法律行為の基礎とされていることが表示されていたときに限り」、取り消すことができるとされる（新95条1項2号・2項）。ここで、表示されていた、ということの意味は、契約の場合において、単に一方の当事者が述べていたということでは足りず、契約の相手方当事者との間において法律行為の基礎になっていたことを要するものと解される。

　このように理解すると、結局、基礎事情として表示される事項は、新95条1項1号にいう意思表示の内容になっているとみられる場合もありうる、ということになる。

　このような見立ての裏付けとして注意しておかなければならない点は、従来において、いわゆる特定物ドグマといわれるものの手がかりとされてきた483条について、重要な改正がされることである。新483条は、債権の発生原因および取引上の社会通念に照らし、引渡しをすべき時の品質を定めることができないときに、売主が、引渡しをすべき時の現状で物を引き渡さなければならない、と定める。契約に基づく債権を想定して考えると、契約および取引上の社会通念に照らして品質などを定めることができない場合が絶対に皆無であるか、と考えると、そのことが論理的に確実であるとみることができないからには、これに相当する規律をまったくなくすことは、法制上憚られた。また、契約でない原因によって生ずる債権の弁済のあり方を明らかに

しておく必要もある。新483条は、これらの観点から設けられたにとどまる[2]。実際には、契約に照らして品質などが定まることが通常であり、また、契約の趣旨やさらに取引上の社会通念を十分に参酌して問題処理をすることが望ましい。この基本指針を前提とする限り、売買の法律関係を考察する場面において、新483条はほとんど適用場面のない規定であると考えられる。

そして、この理解に即して、契約に照らして品質などが定まる通常の場合を前提とすると、そこで問題とされる品質について事実と異なる事情が存する場合は、錯誤の問題としてとらえる際に、基礎事情に錯誤があったとみることができるとともに、契約の内容そのものについて錯誤があったという意味において、新95条1項1号の錯誤の問題としてとらえることができる可能性が残る。

くわえて、品質について存する問題は、しかるべき品質が想定されていたのに実際はそうでない、という事実認識の問題としてとらえる際は、錯誤の問題とすることが自然であるかもしれないが、むしろ、あるべき品質が追求されるべきであるという履行請求権の問題として受け止めることもできる。その際は、問題のない品質の状態を実現せよ、ということを請求するという思考になる。実際、新法の規律においては、一般的な追完請求権の規律（新562条）が用意される。この追完請求権が問題の考察にどのようにかかわるか、も興味をそそる。

3 新法のもとにおける問題状況

新法のもとにおいては、おおづかみに問題状況を展望するならば、売買契約の契約不適合責任、履行請求権、意思不存在の錯誤、そして基礎事情の錯誤の四者は、重複して機能する場面があると考えられる。

---

2 部会資料83−2・同84−3など参照。

いわゆる性状の錯誤は、多くの場合において、動機や縁由などと呼ばれてきたものの錯誤ではなく、契約内容そのものに取り込まれ、表示の錯誤として扱われる場面が出てくる。

　とはいえ、問題局面は多様であり、それぞれの契約がどのような趣旨でされたか、という解釈の問題が従来にも増して重要性を帯びる。

　しかも、その契約の解釈について、伝統的な思考法においては、売買の目的が特定物であるか種類物であるかに大きな比重を置いてなされてきたけれども、この単純な二元思考が今後も無留保に妥当するか、は疑問もある。契約に基づく給付とその履行の障害に関し、新しい法制を貫いている考え方は、目的物がどのような思考過程で見定められていくかを個別の契約に即して吟味するということであろう。もとより、この思考過程を経て得られる解決の考え方が、結果として従来の特定物・種類物の振分けに即したものに近いということはありうるし、さらにはそこに辿り着くまでの思考それ自体も、この二元的思考を一応の参考にするという契機をまったく否定する必要もない。

　新しい法制においても401条が存置され、また、新483条が装いを新しくして置かれることに留意して、ここでは、ひとまずは特定物と種類物の振分けという観点から考察を試みよう。

(1)　契約の解釈による特定物売買と種類物売買との振分け

　来店した客がショーケースのケーキを指さして「その苺ショートをください」と述べた場合であっても、その指の先にある物は見本にすぎず、その種類の物を1個ください、という意味の場合もある。まして、店に電話をして「苺ショートを1個ください」と注文する場合は、特定の物を指さす、という契機がない。

　これに対し、指さす際の「その」という指示句に特段の意義があり、まさに"その"個物を売買の目的にしたいとされる場合も、まったくないということはないであろう。

契約がされる状況は多様であり、特定物の売買である場合と、種類物としての苺ショートの売買である場合とがありうる。いずれの場合であっても、ケーキの上に載っていた物が実はプラスチック製の苺の模造物であったということになると、買主の期待は裏切られる。

(2) 種類物売買の法律関係

苺の載ったショートケーキという種類物の売買であると解釈される場合において、苺のないショートケーキしか店にないとすると、それは、まったく履行がない状態である。買主は、売主に対し、市場から苺ショートを調達して給付することを求める純然たる履行請求権を行使することになる。

引渡しを受けて自宅に持ち帰って箱を開けて苺がないことに気づいたという場合は、買主が売主に対し追完請求権を取得する。追完の方法は、取り替える、つまり「代替物の引渡し」ですることが通常であろうが、すでにある物に苺を載せるよう求める「修補」も論理的にはありうる（新562条1項本文）。いずれにしても、「買主が請求した方法」が何であるか、また、売主が望む方法が「買主に不相当な負担を課する」かどうか、を勘案して追完の方法が定まる（同項ただし書）。

この場合において、錯誤取消しは、問題とならない。錯誤取消しは、売買代金請求権の権利障害事実であり、売買契約が成立した時に取消事由が存在しなければならない。苺のない商品を渡されてはじめて、そんなはずではなかったからさかのぼって錯誤があったことになる、という思考は、錯誤法の論理構造に反する。

(3) 特定物売買の法律関係

「そのショートケーキ」という特定物の売買であると認められる場合において、苺が載っているから買う、という基礎事情が表示されていたと考えるならば、基礎事情の錯誤になる。しかし、買主が申込みの意思表示に際し、「苺ショート」と叫びながら指さしているものが苺のないショートケーキであるという事象が、蜜柑を指さしながらレモンを買おうとしている事態と相

似であるととらえるならば、売買目的物の同一性そのものの認識に不正確が
あり、意思不存在の錯誤であるとみる余地が出てくる。

　売買という契約は、目的物の同定ということが本質的な重要性をもつ事項
であり、その冒頭規定も、そのことを示唆する（「ある財産権」）。その内容性
質にかかわる錯誤は、新95条１項でいうならば、２号でなく１号の錯誤とし
て考えられるべきものであろう。そこで、上述のとおり、いわゆる性状の錯
誤は、従来は動機や縁由の錯誤などと呼ばれてきたけれども、これからは、
多くの場合において性状が契約内容そのものに取り込まれ、それについての
錯誤として扱われるべきものと考えられる。

　ただし、これとは異なり、売買目的物それ自体の性状とは言いがたい、い
わば外在的事情は、通常、意思表示の錯誤（新95条１項１号）と考えること
には親しまず、基本的には基礎事情の錯誤（同項２号）として考えることに
なる[3]。

3　遺言がないと考えてした遺産分割協議が、遺言が発見されたから錯誤になりうる（最
　判平成５年12月16日家月46巻８号47頁）という場面は、これに当たると考えられる。

2　錯誤法と債務不履行法との交錯　13

3 代理人の行為能力
［最判平成18年7月14日判時1946号45頁］

山野目　章夫

設 例

　A・Bは夫婦であり、A・Bには、子としてCがいる。Cには、子がなく、配偶者もいない。Aは、高齢のため事理弁識能力が著しく不十分な状況にあり、また、Bは、高齢のため事理弁識能力を欠く常況にある。

❶　Bに対し後見開始の審判がされてCが成年後見人に選任された場合において、Aが死亡したところから、Cが、Bにかわり、Bがすべき相続税の申告をしたうえで申告に係る相続税を納付した。Cは、Bに対し、相続税の申告の手続および納付に要した費用の償還請求をすることができるか。

❷　Bに対し後見開始の審判がされていない場合において、Aが死亡したところから、Cが、Bにかわり、Bがすべき相続税の申告をしたうえで申告に係る相続税を納付した。Cは、Bに対し、相続税の申告の手続および納付に要した費用の償還請求をすることができるか。

❸　Bに対し後見開始の審判がされてAが成年後見人に選任され、また、Aに対し保佐開始審判がされて司法書士のPが保佐人に選任された場合において、Cが死亡したところから、Aが、Bにかわり、Bがすべき相続税の申告をしたうえで申告に係る相続税を納付した。Aは、Bに対し、相続税の申告の手続および納付に要した費用の償還請求をすることができるか。

❹　Bに対し後見開始の審判がされていないが、Aに対しては保佐開始審判がされて司法書士のPが保佐人に選任された場合において、Cが死亡

したところから、Aが、Bにかわり、Bがすべき相続税の申告をしたう
えで申告に係る相続税を納付した。Aは、Bに対し、相続税の申告の手
続および納付に要した費用の償還請求をすることができるか。

1 改正前法における解決

　小問❶は、成年後見人に選任されたCがBの財産の管理処分の包括的な権
限を有する（859条1項）。租税の納付の手続は、私法上の法律行為でなく、
その代行は、代理権の行使と異なる側面があるものの、成年後見人の職務に
含まれうることには異論の余地がないと考えられる。したがって、Cが相続
税の申告の手続および納付に要した費用は、後見の事務に要した費用（861
条2項）に当たり、その償還をBに対し請求をすることができる。

　これに対し小問❷は、成年後見人になっていないCが、当然に租税の納付
についてBがすべきことを代行することができるということにはならない。
しかし、Bを本人とし、Cを管理者とする事務管理（697条）が成立する余
地はある。事務管理に当たると解される場合において、Cが相続税の申告の
手続および納付に要した費用は、事務管理の費用に当たり、その償還をBに
対し請求をすることができる（702条1項）[1]。

　小問❸においてBの成年後見人に選任されたAも、その職務として、Bの
ために租税を納付する手続をすることができること、そして、それが後見の
事務に含まれることは、異論がないところであろう。Aに対しては保佐開始
の審判がされているが、租税の手続を代行することは、改正前法13条1項が
掲げるいずれの行為にも当たらない。また、租税の手続の代行は、前述のと
おり私法上の代理とは異なるものの、代理について、代理人が行為能力を有
することを要しないとする改正前法102条と異なる考え方で処さなければな

1　最判平成18年7月14日判時1946号45頁参照。

3　代理人の行為能力　15

らない必然性も感じられない。

そして、この考察の帰結をふまえ、小問❹を検討すると、やや論議の帰趨が不透明な部分が生ずる。現行法の解釈として、明文の規定はないものの、事務管理の成立要件として管理者の行為能力を要するとする解釈が唱えられてきた。これを前提とすると、小問❹において、被保佐人のBがしたAのための租税納付の手続は、事務管理の要件を充足しないということになりそうである。しかし、この帰結は、小問❸の帰結と権衡を欠くと目される。現行法の解釈として、事務管理の要件として、管理者となる者に行為能力がなければならないとする解釈が妥当であるか、検討が深められていない部分があると考えられる。

2 改正の内容

夫婦の一方の判断能力が減退し、後見開始の審判を受けた場合において、改正前法の規律のもとでは、夫婦の他方が当然に法定代理人になるとされていた。平成11年の民法の改正による成年後見制度の整備により、この規律は廃止されている[2]。これ自体は、今般の改正ではなく、すでにされていた法制上の措置である。高齢化が進む社会においては、夫婦の他方のほうも高齢化などで法定代理人の職務に堪えることができないことが多くなってくるという実情を考慮した措置である。もっとも、そのことは、夫婦の他方を家庭裁判所が成年後見人に選任することができない、ということを意味するものではない。

そこで、夫婦の他方が成年後見人に選任されることがありうるが、その場

---

2 その後の関連する動向として、成年後見制度利用促進基本計画（平成29年3月24日閣議決定）は、成年被後見人などの権利に係る制限が設けられている制度（いわゆる欠格条項）について、成年後見制度の利用を躊躇させる要因の一つであるとする指摘がされていることをふまえ、成年被後見人などの人権が尊重され、成年後見人などであることを理由に不当に差別されないよう、今後、政府において、成年被後見人などの権利に係る制限が設けられている制度について検討を加え、すみやかに必要な見直しを行うものとしている。

合において、同人もまた判断能力が減退してくるということは、やはり高齢化社会であるからには、ありうるところである。

成年後見人である夫婦の他方その人が保佐開始の審判を受けたというような場合であれば、引き続き成年後見人が、それでも後見の事務に携わることは妨げられない。ただし、その被保佐人たる成年後見人が法定代理人として重要な法律行為をする場合は、それをするについて、保佐人の同意を得なければならないとされる（新13条1項10号、新102条ただし書、新120条1項括弧書）。この点が、改正による新しい規律である。被保佐人たる成年後見人がまったく随意に法律行為をすることができるということでは、成年被後見人の財産の管理において問題が起こるおそれがあるからである。

なお、被保佐人が法定代理人としてではなく、任意代理人として法律行為をする場合は、まったく別な局面である。この被保佐人が後見とは関係がない者と委任契約をし、委任者から与えられた代理権を行使して法律行為をするにあたっては、保佐人の同意を要しない（新102条本文）。制限行為能力者である本人の意思的な関与が困難な状態に置かれる法定代理の場合とは異なり、委任者は、自らの意思で被保佐人を代理人にしたものであるからである。

3　新法における解決

高齢化社会を迎え、いわゆる老々介護が珍しくない現状などに鑑みるならば、制限行為能力者の法定代理人となる者その人の判断能力が減退しているという事態は、容易に想定される。さらに、知的障害者が制限行為能力者である場合は、しばしばその法定代理人となる父母が、齢を重ね、判断能力が減退していくこともありうる。新しい規定が、被保佐人が法定代理人として法律行為をする場合の規律（新13条1項10号、また新102条ただし書参照）を設けることは、時宜に適う。半面において、事務管理をめぐる学説状況をみると、管理者となる者が行為能力を有すること、という明文規定にない要件を

掲げるものが、依然としてみられる。そもそも平成11年の民法改正以後の行為能力の制度は、行為能力が〈ある〉か〈ない〉か、というような仕方で論ずる性質のものではない。法制の変遷に即して、あらためて事務管理の要件を考え直すべきではないか。

　設例に関して述べるならば、このことが先鋭に問われる場面が、小問❹の場合にほかならない。小問❶〜❸も、新しい規律のもとにおいて、改正前法におけるのと同じ解決が妥当すると考えられるし、小問❹も、それについての解決の直接の手がかりが新しい規律によりもたらされるものではない。しかし、等しく制限行為能力者がする行為について、法定代理人としてする場面が規律の細密度を増すのに対し、事務管理の管理者としてする場面のほうが、明文の規定が置かれないまま疑義が放置されるという問題状況[3]は、確認しておかなければならない。

3　窪田充見編集『新注釈民法(15)債権(8)』（有斐閣、2017年）の697条の注釈、27〜28頁〔平田健治〕が現在の問題状況を紹介する。

4 消滅時効の主観的起算点
──債権者が個人の場合

[札幌高判平成26年 9 月25日判時2245号31頁]

山野目　章夫

設 例

　AのBに対する貸金債権の弁済期は、平成35年10月 1 日である。

❶　弁済期を同日と定めてBへの貸渡しをしたのは、Aが未成年であった時のAの親権者であり、その親権者は、Aに対し弁済期を伝えていなかった。平成35年10月 1 日を主観的起算点とする 5 年の消滅時効の進行を認めてよいか。

❷　弁済期を同日と定めてBへの貸渡しをしたのは、成年に達したAから委託を受け代理人となった者であり、同人は、Aに対し弁済期を伝えていなかった。平成35年10月 1 日を主観的起算点とする 5 年の消滅時効の進行を認めてよいか。

❸　弁済期を同日と定めてBへの貸渡しをしたのは、Aの母であり、母が自らのためにする趣旨で貸渡しをしたものであるが、その母は、Aに対し弁済期を伝えないまま死亡し、Aが相続により債権を取得した。平成35年10月 1 日を主観的起算点とする 5 年の消滅時効の進行を認めてよいか。

1　改正前法における解決

　改正前法において、暦日をもって弁済期を定めた債権の消滅時効は、弁済期到来をもって起算点とし、時効が進行を始める。弁済期の到来をもって権利を行使することが可能となり（改正前法166条 1 項）、これについて法律上

の障害がなく、かつ、ほかに考慮すべき事情もないからである。

2　改正の内容

　債権の消滅時効の新しい標準的なルールとして、債権は、「債権者が権利を行使することができることを知った時」（主観的起算点）から「5年間行使しないとき」および「権利を行使することができる時」（客観的起算点）から「10年間行使しないとき」に、時効により消滅する（新166条1項）。

　確定期限が付せられた債権の場合は、期限到来の時が客観的起算点であるとともに、普通、暦日で定められる確定期限の到来は公知の事実であって債権者もその到来の時に知るから、主観的起算点も、期限到来の時である。債権の履行期が平成35年10月1日である場合は、翌2日に起算する（10月1日に起算しないことは、140条の初日不算入の原則による）。起算点が異ならないから、同時に進行を始める10年と5年のうち、5年の期間のほうが先に満了し、その段階で消滅時効が完成する。

3　新法における解決

　主観的起算点は、債権者が客観的起算点の到来を知った時である。期限を暦日で定めた場合は、通常、二つの起算点は一致し、したがって、客観的起算点が独立した意義をもつ場面は、まれである。

　もっとも、たとえば平成35年10月1日を弁済期とする貸付をした場合において、「平成35年10月1日が到来した」という事実と、「債権者は、平成35年10月1日、同日が到来したことを知った」という事実とは、厳密にみると異なる。とはいえ、特殊な事情がある場合を除き、前者の事実があることは、後者の事実があることを推定するとみるべきであるから、このように考えるならば、二つの起算点は、通常一致する。

　平成35年10月1日を弁済期とする金銭の消費貸借がされた場合において、これに基づく貸金返還請求権の消滅時効は、客観的起算点（新166条1項2

号）が同日となり、また、同日の到来は、通常、同日に貸主も知るから主観的起算点（同項1号）も同日であると考えられる。

このことから、債権関係規定の見直しの検討の早い段階から、取引上の債権については多くの場合に二つの起算点は一致する、という理解が定着してきた[1]。また、それが、金融機関をはじめとする経済界から、実務に大きな混乱が生じないとする受容を獲得する一つの要因にもなった。

しかし、上述のとおり、あらためて論理的に考えてみると、「平成35年10月1日が弁済期と定められた。そして、同日は到来した」という事実と、「貸主は、平成35年10月1日が弁済期と定められていることを知っており、そして、同日、同日が到来したことを知った」という事実とは異なる[2]。

まず、そもそも弁済期が平成35年10月1日であることを貸主が知らない場合があり、そのなかには、その知らないことを貸主の不利益に帰することが相当でないと感じられるときと、そうでないときとがある。小問❶のように、親権者が未成年者のためにした法律行為の弁済期が暦日で定められた場合において、本人が成年に達した際、この事情を告げられなかった、という場合は、たしかに貸主である本人の利益保護を考えなければならない[3]。

これに対し、小問❷のように、委任による代理人が貸主となる者のために消費貸借をしたが、その弁済期を本人に告げていない、という場合は、委任契約の当事者らの間のコミュニケーションが適切でなかったことの不利益が、信義に照らし本人に帰せられなければならない[4]。この任意代理の事例は、法人代表における法人内部の意思疎通の不順の扱いとも共通し、契約を

---

1 法制審議会民法（債権関係）部会第79回会議の議事など参照。
2 山野目章夫「民法の債権関係規定の見直しについて／民法の債権関係の改正の5題」司法研修所論集126号参照。
3 ここで扱っている局面とは大きく異なるものであるが、幼少期に性的虐待を受けた者の加害者に対する損害賠償請求について、改正前法724条後段の除斥期間の規定の適用を制限的に考えなければなないのではないか、という問題提起をめぐる論議も参考になる。最決平成27年7月8日家庭の法と裁判4号66頁（原審、札幌高判平成26年9月25日判時2245号31頁）参照。

4 消滅時効の主観的起算点——債権者が個人の場合 21

締結した代表者が、退任時に契約内容を弁済期到来時の代表者に引き継がなかったとしても、それを理由に弁済期到来を知らなかったという主張をさせるべきでないことは、多言を要しない。

　また、弁済期が平成35年10月1日であることは知っていたが、同日の到来を同日には貸主が覚知しない、ということも、事実としては起こりうる。こちらも、そのなかに、不覚知による不利益を貸主に帰してよい場合と、そうでない場合とがある。不覚知の不利益を貸主に帰するべきでない場合は、その不覚知が貸主に生じた事故に起因する場合である（「事故」は、交通事故というような場合の通俗的な意味ではなく、法制上の概念としてのそれであり、たとえば国会法21条や皇室典範16条2項にいう「事故」のように、さしつかえがあることを指す）。事故がある場合の典型は、自然人である貸主の疾患による場合であり、疾患により記憶を失っていたり、外界の事実を認識することができなくなっていたりする場合である。また、まさしく通俗的な意味でいう事故が、ここでいう事故に当たる場合もあり、交通事故や犯罪の被害に遭って昏睡していたような場合が考えられる。これに対し、事故によるのではなく、本人の単なる失念による場合には、たとえ弁済期の当日にその到来に気づかなかったとしても、それを理由に主観的起算点の到来を遅らせることは相当でない。

　さらに、主観的起算点の解釈は、併行して客観的起算点を起算点とする時効期間の制度が設けられていることと関連させて理解することが適当である。小問❸は、主観的起算点となる弁済期がいつであるかという認識について、相続の包括承継性の一つの効果としてAは当然にその認識を有していると扱われてもやむをえない、という解釈も、一つの論理としてありうる。た

4　加毛明「主観的事情と認識帰属の法理」樋口範雄＝佐久間毅編『現代の代理法／アメリカと日本』（弘文堂、2014年）146頁・161頁が、「意思欠缺の問題」から「悪意の帰責の問題」を区別したうえで、後者について「代理取引にかかわる重要な事実は代理人から本人へと伝達されなければならないという考慮」を指摘し、法定代理と任意代理の場面の差異を意識しつつ、これらの問題を考察する。

またま当初の債権者についての相続開始という事情が介在すると実質的に主観的起算点が移動するという帰結になることは、たしかに、それでよいか悩ましい。もっとも、相続の包括承継性を強調してＡが弁済期を知っているという一種の擬制をすることになると、現実には弁済期を知らないＡが、時効障害に係る措置を講ずることに想到しないまま時効が完成を迎えるということをどう考えるか、という問題が残る。Ａの主観的容態にかかわらず、客観的起算点から10年の消滅時効は妨げられることなく進行するものであり、Ｂのための利益の考量としては、それで十分であるとも考えられる。この後者の考え方によるならば、Ａが現実に弁済期到来を了知した時が主観的起算点であるとされることになる。

5

消滅時効の主観的起算点
——債権者が法人の場合

［福岡高判昭和62年12月10日判時1278号88頁］

松尾　博憲

設 例

　株式会社であるＡの代表取締役Ｂが、Ｃと共謀して、昭和47年6月1日に、Ａ所有の土地を3億7000万円で売却したにもかかわらず、3億3000万円で売却したと偽り、その差額をＡに引き渡さなかった。Ｂの後任の代表取締役であるＤは昭和49年8月30日に就任し、Ｄは、昭和50年10月14日に警察に被害届を出した。Ｂは、昭和50年11月21日に背任罪の疑いで起訴された。

　昭和51年2月に、国は、ＡがＢに対して有する不法行為に基づく損害賠償債権を滞納処分により差し押さえ、昭和54年8月に取立訴訟を提起した。

❶　Ｂは、改正前法724条前段に基づく3年の消滅時効期間が満了したため、債権が消滅したとして、Ａの請求は棄却されるべきであると主張した。Ｂの主張は認められるか。

❷　上記設例において、仮に、国がＡのＢに対する会社法423条に基づく損害賠償債権を差し押さえていた場合には、Ｂの主張は認められるか。

1　改正前法における解決

(1)　改正前法724条に基づく損害賠償請求権の期間制限

　改正前法724条は、不法行為による損害賠償請求権について、①被害者またはその法定代理人が損害および加害者を知った時から3年間行使しないと

きは時効によって消滅するとし、さらに②不法行為の時から20年を経過した
ときも、①と同様とするとする。

　判例は、①について消滅時効であるとしながら、②については除斥期間で
あるとしている（最判平成元年12月21日民集43巻２号2209頁）。

　また、①について３年間という短期の消滅時効期間とされた趣旨は、不法
行為に基づく法律関係が、通常、未知の当事者間に予期しない偶然の事故に
基づいて発生するものであり、加害者はきわめて不安定な立場に置かれるこ
とから、被害者において損害および加害者を知りながら相当の期間内に権利
行使に出ないときには、損害賠償請求権が時効にかかるものとして加害者を
保護することにあると理解されている（最判昭和49年12月17日民集28巻10号
2059頁）。

(2)　「被害者又はその法定代理人が損害及び加害者を知った時」の意義

　「被害者又はその法定代理人が損害及び加害者を知った時」の意義につい
ては、さまざまな問題が内在しているが、債権者が法人である場合には、だ
れを基準として「知った時」を判断するのかが問題となる。

　法人の代表者が知った時に当該法人が知ったと評価されることについては
異論がないと思われるが、大判昭和13年９月10日民集17巻1731頁（以下「昭
和13年大判」という）は、代表機関が知らなくても、当該事件の実際の職務
担当者が知れば足りるとしている。また、福岡高判昭和62年12月10日判時
1278号88頁（以下「昭和62年福岡高判」という）は、設例のような事案におい
て、「民法724条にいう「損害及ヒ加害者ヲ知リタル時」とは、同条で時効の
起算点に関する特則を設けた趣旨に鑑みれば、被害者が法人である場合に
は、通常、法人の代表者が「損害及ヒ加害者」を知れば足りるのであるが、
法人の代表者が加害者に加担して法人に対し共同不法行為が成立するような
場合には、右代表者による損害賠償請求権の行使を現実に期待することは困
難であるから、単に右代表者が「損害及ヒ加害者」を知るのみでは足りず、
法人の利益を正当に保全する権限のある右代表者以外の役員又は従業員にお

いて、損害賠償請求権を行使することが可能な程度にこれを知った時から時効期間が進行するものと解するのが相当である」と判示し、代表者が知っていたとしても、現実の権利行使可能性を考慮して、時効期間が進行しないこととし、Bが背任罪の疑いで起訴された昭和51年11月21日に、Aが「損害及び加害者を知った」と認定している。

(3) 会社法423条に基づく損害賠償請求権の時効

取締役等がその任務を怠ったときは、役員等は会社に対して会社法423条に基づき損害賠償責任を負う。この規定に相当する旧商法266条1項5号に基づく損害賠償責任に係る債権に関して、判例（最判平成20年1月28日民集62巻1号128頁）は、同法に基づく損害賠償責任の法的性質が法によってその内容が加重された特殊な責任であるとしたうえで、商法の改正前規定522条の5年ではなく、改正前法167条1項により10年となると判断している。この判例は、会社法423条に基づく損害賠償請求権についても妥当するものと解されている。

(4) 設例の解決

小問❶については、不法行為に基づく損害賠償請求権が差し押さえられた場合には、Bが背任罪の疑いで起訴された昭和50年11月21日が消滅時効の起算点と解されるとすると、昭和53年11月21日の経過までに時効の中断事由がなければ、時効が完成することとなる。

また、小問❷については、会社法423条に基づく損害賠償請求権が差し押さえられた場合には、取立訴訟を提起した昭和54年8月の時点で時効は完成していないから、その時点ではBは時効の完成を主張することができない。

2 新法のもとでの消滅時効制度

新法のもとで、まず、不法行為に基づく損害賠償請求権の期間制限については、改正前法724条後段の不法行為の時から20年間とする除斥期間を、消滅時効期間として改めることとしているが（新724条2号）、3年間の消滅時

効期間については、改正前法の内容を維持している。

　他方、一般の債権の消滅時効期間については、「権利を行使することができる時」（客観的起算点）から10年間という時効期間に加えて、「債権者が権利を行使することができることを知った時」（主観的起算点）から５年間という新たな時効期間を設け、いずれか早いほうの満了によって、時効が完成することとしている（新166条１項）。

　改正前法における債権の消滅時効については、客観的起算点から10年間という時効期間のほか、多数の短期消滅時効の特則が設けられていたうえに（改正前法170条～174条）、商行為によって生じた債権の時効期間は５年間とされていた（商法の改正前規定522条）。しかし、これらの時効期間の区別は、債権管理を煩雑にしているうえに、その合理性を欠いていると指摘されていた。そこで、新法では、職業別の消滅時効期間の特則や商事消滅時効を廃止し、民商法の消滅時効期間を基本的に統一したが、その際に、客観的起算点から10年に統一すると、従来、短期の消滅時効期間が適用されてきた債権については、時効期間が大幅に長期化するという問題があるため、新たに主観的起算点から５年という時効期間を設けることで、この問題を解消しようとしたものである[1]。

3　新法における解決

(1)　設例の解決

　小問❶については、改正前法と同じ解決になると考えられる。

　他方、小問❷については、新166条１項１号における「債権者が権利を行使することができることを知った時」がいつかという点が問題となる。この解釈にあたっては、不法行為に基づく損害賠償請求権の消滅時効における「被害者又はその法定代理人が損害及び加害者を知った時」の解釈が参考に

1　部会資料63・２頁以下。

なるものと考えられるため[2]、Bが背任罪の疑いで起訴された昭和51年11月21日が、「債権者が権利を行使することができることを知った時」となる可能性がある。この場合には、国が取立訴訟を提起した昭和54年8月の時点で主観的起算点から5年が経過していないため、消滅時効は完成していないこととなる。

(2) さらなる検討課題

もっとも、上記の点については具体的な当てはめの問題もさることながら、いくつかの検討課題が残されている。具体的には、①債権者である法人が「権利を行使することができることを知った」または「被害者又はその法定代理人が損害及び加害者を知った」と評価されるには法人内のだれが知る必要があるか、②法人が代表者に対して有する債権の消滅時効期間が進行するためには、新たな代表者が就任することを要するか、③監査役設置会社において、会社法423条に基づく損害賠償に係る訴訟は、監査役が提起するとされているので、この場合には、監査役が権利を行使することができることを知る必要があるか、という点である。①および②は「債権者が権利を行使することができることを知った時」および「被害者又はその法定代理人が損害及び加害者を知った時」の解釈に関する問題であり、③は会社法特有の問題である。

①について、昭和13年大判は実際の職務担当者が知れば足りるとするが、職務を担当している単なる従業員が知ったとしても、その法人において実際に権利行使可能であると期待することができるとは言いがたいと考えられる。昭和62年福岡高判において「法人の利益を正当に保全する権限のある」者が知ることが求められているのは、この観点から妥当であるといえる。もっとも、「法人の利益を正当に保全する権限のある」者の範囲は必ずしも明らかではない。消滅時効が進行するのは、法人が権利を行使することがで

---

2 部会資料69A・2頁。

きる現実的な可能性があると評価することができるということが根拠になると考えられるため、法人を代表する権限を有していないとしても、その法人において決裁権限を有しているといえる者が知っている必要があるように思われる。他方で、この考え方を貫徹することは、決裁権限を有する者に対して適切に報告がされなかったために時効の完成が遅れることになるため、債権者である法人内のコミュニケーション不全の問題によって債務者に不利益が生ずるという問題がありうるが、客観的起算点から10年間という時効期間が機能するため、改正前法に比して時効の完成が困難となるわけではないと考えられる。

　②について、昭和62年福岡高判は、後任の代表者が知る必要はないとするが、代表者に対する権利の行使の場合には、代表者以外の役員または従業員が知ったとしても、現実的な権利行使の期待可能性がないのではないかという点が問題となり、後任の代表者が知った時を基準とするほうが明解であるとする見解も示されており、この見解を採用する裁判例（東京地判平成14年9月26日判時1806号147頁）もある[3]。この点は、一律に決することは困難であり、個別の事案に応じて、その法人における現実的な期待可能性の有無を考慮することが適当であると考えられる。

　③については、訴えについては監査役が代表するとされているが（会社法386条1項1号）、訴訟によらず責任を追及する場面では、監査役以外が代表することができると解されていることからすると、たとえば、監査役よりも先に代表取締役が知った場合には、当該代表取締役が知った時から時効が進行することになると考えられる。

3　酒井廣幸『損害賠償請求における不法行為の時効』（新日本法規出版、2013年）84頁。

6 時効障害——仮差押え
[最判平成10年11月24日民集52巻 8 号1737頁]

山野目　章夫

設 例

Aは、弁済期を平成33年 3 月31日としてBに対し金銭を貸し付けた。

Aは、平成35年 2 月 2 日、このBに対する貸金債権を取り立てるため、Bが所有する甲土地について仮差押えをし、甲土地について仮差押えの登記がされた。

そのうえで、Aは、平成35年 7 月 7 日、Bに対し、この貸金の返済を請求する訴えを提起したが、Bが弁論に出頭せず、請求原因事実を自白したものとみなされたことから、同年 8 月23日、請求の趣旨のとおりBに対し支払を命ずる判決が確定した。

1　改正前法における解決

Aによる貸付が新法の施行日前である場合において、Aの貸付が商行為に当たるかどうかにかかわらず、訴えを提起した時期が貸付債権の消滅時効が完成する前である（改正前法167条 1 項、商法の改正前規定522条）から、訴え提起により時効が中断したと考えられる（改正前法147条 1 号）。そこで、訴え提起が時効障害になるという観点に限ってみると、この貸付債権が判決により確定したから、その時効期間は、貸付が商行為であるかどうかにかかわらず、10年となり（改正前法174条の 2 ）、ほかに時効中断の事由がない限り、消滅時効は、判決確定から10年が経過する平成45年 8 月23日の経過により完成する、ということになりそうである。

しかし、これとは別に、Ａが仮差押えをしていたとするならば、どうなるか。現在の解決を確認するため、設例の与件を改め、新法の施行日より前にＡが仮差押えをした場合を考えてみよう。その場合は、仮差押えにより時効が中断したと考えられる（改正前法147条2号）。そして、判例は、「仮差押えによる時効中断の効力は、仮差押えの執行保全の効力が存続する間は継続すると解するのが相当である」としてきた[1]。

　仮差押えの決定とそれに基づく仮差押登記、そして債務者への送達があった時から新しい時効期間が進行するという考え方もありうるところであるが、判例は、第一に、「民法147条が仮差押えを時効中断事由としているのは、それにより債権者が、権利の行使をしたといえるからであるところ、仮差押えの執行保全の効力が存続する間は仮差押債権者による権利の行使が継続するものと解すべき」であるとし、また第二に、「このように解したとしても、債務者は、本案の起訴命令や事情変更による仮差押命令の取消しを求めることができるのであって、債務者にとって酷な結果になるともいえない」という理由を掲げる。

　また判例はさらに、「民法147条が、仮差押えと裁判上の請求を別個の時効中断事由と規定しているところからすれば、仮差押えの被保全債権につき本案の勝訴判決が確定したとしても、仮差押えによる時効中断の効力がこれに吸収されて消滅するものとは解し得ない」という解釈も示していた。

　したがって、Ａの債権の消滅時効は、民事保全法37条3項、38条1項により仮差押えが取り消されていない限り、平成45年8月23日が経過したとしても、完成しないと考えられる[2]。

1　最判平成10年11月24日民集52巻8号1737頁。
2　仮差押えの登記がされている限り時効中断の効力が保たれることになるが、あまりに古くにされた仮差押えの登記や処分禁止の登記が存置され続けることは、不動産登記制度の運用に問題をもたらしてもいる。登記制度・土地所有権の在り方に関する研究会における調査審議、参照（登記情報672号16頁）。

2　改正の内容

　仮差押えは、仮差押えという「事由が終了した時」から 6 カ月を経過する
までの間は、時効が完成しないとされ（新149条 1 号）、完成猶予の事由とな
る。「事由が終了した時」というものが何を意味するかは、今後とも解釈に
委ねられる[3]。

3　新法における解決

　A による貸付が新法の施行日以後である場合において、訴えを提起した時
期が貸付債権の消滅時効が完成する前である（新166条 1 項）から、訴え提起
が時効障害になるという観点に限っては、この貸付債権が判決により確定し
たから、その時効期間は10年となり、ほかに時効障害の事由がない限り、消
滅時効は、判決確定から10年が経過する平成45年 8 月23日の経過により完成
する、ということになるとみえる（新169条 1 項）。ここまでは、改正前法と
帰趨が異ならない。

　しかし、これとは別に A は仮差押えをしており、これにより時効の完成猶
予が生ずる。いつまで完成猶予が続くかは、前述のとおり、仮差押えという
「事由が終了した時」から 6 カ月を経過するまで、である。「事由が終了した
時」の概念を従来の判例と同じに考えるならば、A の債権の消滅時効は、民
事保全法37条 3 項、38条 1 項により仮差押えが取り消されていない限り、平
成45年 8 月23日が経過したとしても、完成しないと考えられ、結局、改正前
法における解決と異ならないこととなる。

---

[3]　関連する局面を含む新法への批判的検討として、戸根住夫「民事執行、保全による消
滅時効障害／今次改正民法案の問題点」判タ1427号54頁以下がある。

7

時効障害──催告
[最判平成25年6月6日民集67巻5号1208頁]

山野目　章夫

設 例

　弁済期を平成35年6月15日と定め、商行為として金銭を貸し渡した貸主
は、

❶　借主に対し、平成40年5月12日、その弁済を催告し、さらに同年9月
　23日にも弁済を催告した。

❷　借主に対し、平成40年5月12日、その弁済を催告し、さらに同年7月
　5日に弁済を請求する訴えを提起したが、同年9月23日に訴えを取り下
　げた。

❸　借主に対し、平成40年3月5日、その弁済を請求する訴えを提起した
　が、同年5月12日に訴えを取り下げ、その後、同年9月23日に弁済を催
　告した。

❹　借主に対し、平成40年3月5日、その弁済を請求する訴えを提起した
　が、同年5月12日に訴えを取り下げ、その後、同年7月5日に再び弁済
　を請求する訴えを提起したものの、結局、同年9月23日に訴えを取り下
　げた。

　これらの場合において、この貸金返還請求権の消滅時効は、いつ完成す
るか。

1　改正前法における解決

「平成35年」というものを架空のある年と置き換え、改正前の法制が適用

されると仮定して、現在の解決を確認しておくこととしよう。現在は、改正前法147条が事由を列挙して、時効中断事由の概観を与える。そのうえで、各事由の具体の適用関係については、さらに規定が用意されており、とりわけ、ここで問われている問題との関連においては、同条1号の請求の関係で、改正前法153条が重要な意義を有する。

すなわち、まず、小問❶の場合は、平成40年5月12日の翌日を初日とする6カ月以内に訴えの提起など消滅時効を中断する措置が講じられなかったと認められる。同年9月23日にした再度の催告は、消滅時効の中断にとって特に意義を有しない。この理は、判例において、「催告は、6箇月以内に民法〔改正前法〕153条所定の措置を講じなければ、時効の中断の効力を生じないのであって、催告から6箇月以内に再び催告をしたにすぎない場合にも時効の完成が阻止されることとなれば、催告が繰り返された場合にはいつまでも時効が完成しないことになりかねず、時効期間が定められた趣旨に反し、相当ではない」と説かれる[1]。

この判例は、「消滅時効期間が経過した後、その経過前にした催告から6箇月以内に再び催告をしても、第1の催告から6箇月以内に民法〔改正前法〕153条所定の措置を講じなかった以上は、第1の催告から6箇月を経過することにより、消滅時効が完成する」と説示するが、その意味するところは、「第1の催告から6箇月を経過する」時に消滅時効が完成するということではなく、「第1の催告から6箇月を経過することにより」本来の原則どおりに消滅時効が進行して完成することになる、という趣旨であると考えられる。

そこで、小問❶の場合の消滅時効は、その中断がないこととなり、弁済期から5年が経過する平成40年6月15日の経過により完成する。もし異なる解釈をとり、平成40年9月23日から6カ月以内、という期間が新しく意味をも

1　最判平成25年6月6日民集67巻5号1208頁。

つことになると、この新しい 6 カ月の間にされた別の催告（再度の催告の後の再々度の催告）にも意味を与えることにならざるをえない。あげくは、このような単なる催告が小刻みに繰り返されることを容認し、それらの催告の最後のものから 6 カ月以内に仮差押えなどに及ぶならば、その手続が終了する時から 5 年間は時効が完成しない、という帰結に至る。現行法の催告は、単に時効の完成猶予をもたらすにとどまらず、中断により時効期間を更新させる事態に結びつく可能性が大きい。この強い効果をもつために、再度の催告の効力を是認する解釈がもたらす結果が極端なものになる度合いが大きいことは、注意をしておきたい。

小問❷の場合は、平成40年 5 月12日の催告の後にされたものが、通常の催告（裁判外の催告）でなく、いわゆる裁判上の催告である。この場合について、判例は、裁判外の催告が繰り返される場合の扱いは「第 2 の催告が……裁判上の催告であっても異なるものではない」とするから、やはり消滅時効の中断がないこととなり、弁済期から 5 年が経過する平成40年 6 月15日に消滅時効が完成する。

小問❸の場合は、反対に裁判上の催告がされた後に通常の催告がされる場合であるが、この場合も、上記の判例が扱う場面そのものでないとはいえ、その判例の趣旨に鑑みるならば、やはり後行の催告に独自の効果を認めることは適当でないと考えられる。

小問❹の場合は、いわば小問❷、小問❸の場合の交配であるから、後行の裁判上の催告に独自の効果を認めることに無理があることは、異ならない[2]。

2　改正の内容

新しい規律において、催告は完成猶予の事由となる。すなわち、 6 カ月間

2　なお、特殊な事例において、訴えの取下げによっても中断効が維持されるとされた最判昭和38年 1 月18日民集17巻 1 号 1 頁や、最判昭和50年11月28日民集29巻10号1797頁に留意しておく必要がある。

の時効の完成が猶予される（新150条1項）。催告があった日の翌日に起算される6カ月の間、時効は完成せず、その間にたとえば訴えを提起すれば、それによる完成猶予が認められ、さらに返済を命ずる判決が確定するならば、時効の更新が生ずる。ただし、催告によって時効の完成が猶予されている間に行われた再度の催告に時効の完成猶予の効力はない（同条2項）。

　もっとも、ここにいう催告は、これからは、従来において裁判上の催告と呼ばれてきたものを含まないと解される。なぜならば、それについては、別の規定が設けられるからである。たとえば、訴えを提起したものの、後日に取り下げられた場合には、取下げの翌日に起算される6カ月の期間が経過するまでは時効の完成が猶予される（新147条1項1号）。

　注意しなければならないことは、この訴えの取下げを契機とする完成猶予の場合については、新150条2項に相当する規定が設けられていない。そこは、現行法と状況が異なる。

　なお、新しい規律のもとで新設される新しい時効障害である協議の合意については、再度の協議の合意について、さらに異なるコントロールが用意される。すなわち、再度の協議の合意は、まったく協議の合意による完成猶予がなかったと仮定するならば時効が完成すべき時から5年を限度として、新しい完成猶予が生ずる（新151条2項）。

　立法のバランスとしては、新150条1項の催告は私人の一方的な行為であり同条2項により再度の催告に効果が認められないのに対し、いったんは公機関へ事件が付託された新147条の場合はそのような規制が置かれず、さらに、いわば中間的な形態として新151条1項の協議の合意は私人間の合意であって[3]、再度のそれについて上限を置いたうえで再度のものに一定の効果を認める、という、まさに中間的な解決がとられる。

3　当事者間における自発的で柔軟な紛争解決を促す趣旨の時効障害事由である。筒井健夫ほか「民法（債権法）改正の要点(2)」金法2074号34頁。

3　新法における解決

　これらの新しい規律を前提とするならば、まず、小問❶の場合において、新しい完成猶予は生じない。新150条2項の定めるところである。

　これに対し小問❷の場合は、新しい完成猶予が生ずると解すべきであり、訴えが取り下げられた平成40年9月23日の翌日である同月24日を初日とする6カ月の完成猶予となる。この訴えの取下げは、新147条を根拠とするものであり、これには新150条2項に相当する規律がない。なるほど、新しい完成猶予の効果が生ずるということになると、同一事由が繰り返し起こることにより、時効の完成が延びていくことになる。しかし、延びていく、といっても、改正前法のもとで、催告が、単に時効の完成猶予をもたらすにとどまらず、中断により時効期間を更新させる強い効果をもたらす可能性を広く潜在させるために、再度の催告の効力を是認すると結果が極端なものになる度合いが大きいこととは、事情が異なる。

　考え込ませる局面は、小問❸の場合であり、新150条2項の文頭の「催告」に新147条1項の完成猶予事由を含まないとする文理解釈から推すと、後行の催告による新しい完成猶予の効果を認めてよいと解される。しかし、新150条2項が定める本来の状況との権衡を考えると、単なる私人の一方的行為である催告それ自体について、そのような効果を認めることが適当でないとも考えられる。疑問を残しておきたい。

　これとは事情が異なる小問❹の場合は、小問❷と同様に、新しい完成猶予が生ずると解すべきである。訴えが取り下げられたとはいえ、いったんは裁判所という公機関に事件が付託されたというところが、事情が異なる点にほかならない。また、訴えの取下げのようなことが繰り返される、という想定そのものも、たやすくありうることでもない。訴訟手続上、相手方の同意がなければ訴えを取り下げることができない場合もありうる（民事訴訟法261条2項）。

8

逸失利益の中間利息控除
[最判平成17年6月14日民集59巻5号983頁]

山野目　章夫

設 例

　交通事故が発生した日の法定利率がαであるとする。この交通事故により被害者が後遺障害を負い、その症状が固定した日の法定利率がβであるとしよう。被害者が加害者に対し賠償を請求するべき後遺障害に係る逸失利益の算定において、中間利息控除の計算は、いつから、どの利率によってするべきであるか。

1　改正前法における解決

　改正前法において、法定利率は年5％と定められて固定している（改正前法条404条）から、αもβも5％である。

　そして、判例は、この利率をもって中間利息控除の計算をするべきものとしてきた。すなわち、「現行法は、将来の請求権を現在価額に換算するに際し、法的安定及び統一的処理が必要とされる場合には、法定利率により中間利息を控除する考え方を採用している。例えば、民事執行法88条2項……民事再生法87条1項1号、2号、会社更生法136条1項1号、2号等は、いずれも将来の請求権を法定利率による中間利息の控除によって現在価額に換算することを規定している」とし、「損害賠償額の算定に当たり被害者の将来の逸失利益を現在価額に換算するについても、法的安定及び統一的処理が必要とされるのであるから、民法は、民事法定利率により中間利息を控除することを予定しているものと考えられる。このように考えることによって、事

案ごとに、また、裁判官ごとに中間利息の控除割合についての判断が区々に分かれることを防ぎ、被害者相互間の公平の確保、損害額の予測可能性による紛争の予防も図ることができる」とする[1]。

いつからの時期について中間利息控除の計算をするべきか、について、ひろく実務は、症状固定時からするものとしているが、事故時からとするべきであるとする見解がないものでもない[2]。判例は、症状固定時からの計算による原審の損害算定を適法とするものがある[3]が、このことが直接の争点となった事案ではないから、最高裁判所の判例が症状固定時説であるとするところまで断ずることは、控えるべきであろう[4]。

2 改正の内容

新法の規定においては、法定利率を変動することがありうる。この局面を的確に考察するため、二つの概念を区別しておこう。法定利率と適用利率である。当事者が別段の意思表示をしない場合において、利率は、法律を参照して定められる。この参照される利率が法定利率であり、その参照により具体の事案で定まる利率が適用利率である。変動制が導入される利率は法定利率のほうであり、それを参照して定まった適用利率は、その事案に関する限り、固定され、変動することはない。

法定利率は、3年を一期とする期ごとに見直される。この一期を3年とする各期の法定利率は、法定利率に変動があった期のうち直近のもの（これを「直近変動期」と呼ぶ）における基準割合と当期の基準割合との差に相当する割合を直近変動期における法定利率に加算し、または減算した割合とする（新404条4項）。基準割合とは、各期の初日の属する年の6年前の年の1月か

1 　最判平成17年6月14日民集59巻5号983頁。
2 　田中俊行「判例の立場を前提とした損害論と中間利息控除の基準時」判タ1396号・1397号が、詳しい考察を示す。
3 　最判昭和62年12月17日集民152号281頁。
4 　北河隆之『交通事故損害賠償法〔第2版〕』（弘文堂、2016年）196頁。

ら前々年の12月までの各月における短期貸付の平均利率の合計を60で除して計算した割合（ただし、0.1％未満の端数を切り捨てる）であり、都度、法務大臣が告示して示すものとされる（同条5項）。

もっとも、直近変動期の基準割合との差が1％に満たない端数がある場合は、それを考慮しない（同条4項括弧書）。したがって、実際に法定利率が見直される事態は、1％以上の差が生ずる経済情勢の変化が起こる場合に限られる。

変動制の導入が可視的に認識される場面は、何よりも新法の施行の際である。現在は年5％であるものが年3％に変わる（同条2項）。そして最初は、施行後最初の期を直近変動期に相当するものとして扱い、その期の法定利率を3％と読み替え、上記のルールが適用される（同附則15条2項）。

この法定利率の仕組みは、金銭の給付を目的とする債務の不履行についての損害賠償、つまり遅延損害金にも及ぼされる（新419条1項）。

このように法定利率が変動することを前提として、具体の事案における適用利率を決定するためのルールが用意される。そのルールは、利息については「その利息が生じた最初の時点」（新404条1項）の、また、遅延損害金については「債務者が遅滞の責任を負った最初の時点」（新419条1項）の法定利率が適用利率となる。繰り返しになるが、いったん定まった適用利率は、その事案に関し、その後で法定利率が変更されたとしても、変更されない。不法行為に基づく損害賠償請求権は、不法行為の日が基準日になる。

3　新法における解決

中間利息控除は法定利率である、という現在の考え方は、ひとまず今般の規定の見直しにおいては、それが引き続き採用される（新722条1項による新417条の2の準用）。すなわち、将来において取得すべき利益についての損害賠償の額を定める場合において、その利益を取得すべき時までの利息相当額を控除するときは、損害賠償の請求権が生じた時の法定利率によってするも

のとされる。現在の損害賠償ないし損害保険の実務においては、複式のライプニッツ方式により控除がされることが趨勢となっており、その際の利率として、このルールが用いられることになる。

設題については、ひとまず論理として、三つの考え方を考察対象とすることとしよう。

---

① 後遺障害逸失利益の損害は、事故の日の損害の現価により賠償がされるべきであり、この日から α の利率により中間利息控除がされる。なお、その遅延損害金は、事故の日から α の利率で生ずる。

② 後遺障害逸失利益の損害は、症状固定時の損害の現価により賠償がされるべきであり、この日から β の利率により中間利息控除がされる。ただし、その遅延損害金は、事故の日から α の利率で生ずる。

③ 後遺障害逸失利益の損害は、症状固定時の損害の現価により賠償がされるべきであり、この日から α の利率により中間利息控除がされる。また、その遅延損害金は、事故の日から α の利率で生ずる。

---

①の考え方の最大の問題点は、症状固定時の現価による中間利息控除をしている実態と大きく乖離することである。

②は、中間利息控除に用いる利率と遅延損害金のそれとが異なることから、かつて「中間利息控除に用いる利率を固定制とするのでは、同一の被害について損害賠償の遅延損害金と中間利息控除の利率とに大きな乖離が生じ得ることになり、公平感を欠くという指摘」[5]がされていた。けれども、これが本当に論理的にみて不公正を内在させるものであるかは、疑問もないではない。遅延損害金は、現実に発生するものであるという基本的な性格をふまえ、かつ、単利で計算されものであるのに対し、中間利息控除は、損害の

---

5 部会資料81 B。

8 逸失利益の中間利息控除 41

擬制的な算出においてされるものであって、しかも、実務の趨勢としては複利で計算されるものである。両者は、かなり性質と内容を異にする。これらを素朴に比べ、その離齬を不公平とすることができるか、疑問は残る。

　むしろ、②の問題点は、二つの意味において簡明に欠ける、ということである。まず、一般の理解を得るうえで、説明が複雑になり、正義に合致する解決が与えられたという世人の納得感を調達することがむずかしい。この視点からも、問題とされるべきであるものは、公平そのものというよりも、部会資料にあるとおり、まさに公平"感"にほかならない。また、②は、実務処理上の簡明にも欠ける。後遺障害逸失利益を見定めるための症状固定時と、介護に要する費用などの積極損害の現価を計算する基準時（介護の要否と程度が確定した時点というべきか）とは必ず一致するとは限らない。事故日、症状固定時、そして、要介護確定時と三つの時点が問われ、少なくとも論理的には、最も極端な場合において三つの種類の利率を考慮しなければならないことは煩に堪えない。しかも、あえてそうしなければ正義が確保されないという側面は見出しがたい。

　③は、損害の現価を症状固定時で考えるにもかかわらず、その時点でない日、つまり事故日の法定利率で中間利息控除をすることはおかしいのではないか、という批判が想定される。そのような計算は、およそ"現"価という考え方に反するのではないか、という批判である。しかしこれは、現価という概念をかなり素朴に、あるいは現実的に受け止め過ぎていないであろうか。損害の数額の見極めは、どうしても擬制的な契機を伴うことを避けることができず、その側面は、現実に生ずる損害であるという性格が強い遅延損害金についてすら観察される。まして、中間利息控除は、擬制的な損害処理の性格がさらに濃い。一つの交通事故の損害の算定において、後遺障害逸失利益の損害にせよ介護費用のような積極損害にせよ、現価の基準時がまちまちであるとしても、現価の計算で用いる利率は事故日のものを統一して用いるという考え方が成り立たないとすることはできない。

法制審議会部会の資料が「いわゆる後遺症による逸失利益を算定する場合には、その症状が固定した時点で労働能力喪失期間や喪失率が確定し、損害額の算定が可能になるが、その場合にも、障害の原因となった不法行為時が利率の基準時となる。仮に、このような場合に症状固定時が基準時となるものとすると、症状固定時がいつであったかを巡って深刻な紛争を生じることから、一律に不法行為時とするのが適切であると考えられるからである」と述べるところ[6]も、③の考え方の成立可能性を否定するものではないと理解される。②が否定されることが直ちに①を強いられることを意味するものではない。

　新417条の2第1項の文理との関係を検討しておくと、「損害賠償の請求権が生じた時点における法定利率」、つまり、aの利率をもって中間利息控除をしなければならない。また、「その利益を取得すべき時までの利息相当額」というふうに、中間利息控除の終期は明らかであるのに対し、その始期は解釈に委ねられる。そして、その始期の法定利率であるβで中間利息控除をしなければならない必然性がないことは、すでに指摘したとおりである[7]。

　ここまでの考察をふまえ、③を基調とする解決の相当性を検証することを通じ、さらに論議が深められることが望まれる[8]。

6　部会資料81Ｂ。
7　また、山野目章夫「変動法定利率」金法2023号6頁。
8　北河隆之「債権法改正と中間利息控除」法時87巻12号65頁。

9

履行補助者
[最判平成 7 年 6 月 9 日民集49巻 6 号1499頁]

山野目　章夫

設　例

Aは、医療法人である。

❶　医療機器メーカーであるBは、Aの注文に応じ、配送業者のCに託し、レントゲンの機器をAに宛てて送ったが、Cの過誤により到達が遅れ、Aの診療に支障が生じた。Aは、Bに対し、これにより生じた損害の賠償を請求することができるか。

❷　難病に罹患したDは、Aが経営する病院において治療を受けることとなったが、Aが使用する医師であるEが経験不足であったために、Eの診療により症状が悪化した。Dは、Aに対し、これにより生じた損害の賠償を請求することができるか。

1　改正前法における解決

　債務不履行責任を定める改正前法415条については、その後段の履行不能の場合のみならず、必ずしも文理が明らかでない前段の一般の債務不履行の場合も含め、債権者の責めに帰すべき事由が存することが債務不履行の損害賠償の要件であると考えられている。そこにいう責めに帰すべき事由の概念理解は、それ自体として多岐にわたる学説論議があるが、ながく債務者その人本人の故意・過失に加え、履行補助者の概念で理解される債務者でない者の故意・過失を債務者本人のそれらと同視すべきものと説かれてきた。

　その履行補助者について、どのような状況をもって債務者の責めに帰すべ

き事由に結びつけて考えるかは、これも学説理解に変遷があるが、論議の初発において形成され、ながく通説の地位を占めてきたものは、次のように場面ごとに解決を提示する考え方である[1]。

---

① 真の意味の履行補助者は、いつでも使用することができるが、その故意・過失ある行為について債務者は常に責任を負う。

② 明文上、履行代行者を使用することができないのに使用した場合において、そのこと自体が債務不履行であるから、債務者は、履行代行者の行為について常に責任を負う。

③ 明文上、履行代行者を使用することが許されている場合において、債務者は、その選任・監督についてのみ責任を負う。

④ ②・③のいずれでもない場合は、①と同様に扱う。

　真の意味の履行補助者とは、債務者本人の手足として動き、債務者本人と一体としてみられる者であり、履行代行者は、そうでない者である。

　この見解には、しかし、いくつかの疑問もある。①のルールと②～④のそれらとの使い分けは、真の意味の履行補助者であるか履行代行者であるか、の区別によるが、手足のように、という感性的な表現では実際に識別が困難である場合が残らざるをえない（第一の疑問）。実際、独立して事業を営む小問❶の運送業者が履行代行者に当たることは疑いがないのに対し、小問❷の医師は、専門職であり、その知識経験を活かして業務をするものであるとともに、多くは勤務医であって、勤める病院との関係は請負ではなく雇用であって、病院経営者の指揮監督に服する。このようなものは、どのように考えたらよいか。

　第二に、仮に履行代行者の概念の見究めができるとしても、③のルール

1　我妻榮『新訂債権総論（民法講義Ⅳ）』（岩波書店、1964年）107～109頁、〔147〕～〔151〕。

9　履行補助者　45

は、当事者に不便をもたらし、妥当でない帰結となることが想像される。履行代行者を用いることが通常であると考えられる場合であっても、いったん履行代行者の使用が許されることになるならば、債権者は、債務者の選任・監督を除いた事由については、債務者の債務不履行責任を追及することができなくなる（第二の疑問）。小問❶は、Bが自ら機器を持参しないで運送業者に託することは、通常ありうることであるが、契約の趣旨に照らし運送業者の使用が許される場合に当たると整理された途端にBの責任が軽減される帰結に至る。それが不都合であるとしても、Bが必ず自ら持参するという手順に固執することは、Bにとって不都合であるのみならず、場合によってはAにとっても不便である。小問❷の医師も、仮に履行代行者であるということになるならば、個別の医師に診察や治療を委ねることは医療契約の通常の趣旨に照らし許されると考えられるから③のルールが用いられるということになりそうであるが、そうすると、Aは、選任・監督でない事由について責任を免れる。それが、妥当であろうか。

　実際、未熟児網膜症の治療・診断が問題となった事案において、判例は、「ある新規の治療法の存在を前提にして検査・診断・治療等に当たることが診療契約に基づき医療機関に要求される医療水準であるかどうかを決するについては、当該医療機関の性格、所在地域の医療環境の特性等の諸般の事情を考慮すべきであり、右の事情を捨象して、すべての医療機関について診療契約に基づき要求される医療水準を一律に解するのは相当でない。そして、新規の治療法に関する知見が当該医療機関と類似の特性を備えた医療機関に相当程度普及しており、当該医療機関において右知見を有することを期待することが相当と認められる場合には、特段の事情が存しない限り、右知見は右医療機関にとっての医療水準であるというべきである。そこで、当該医療機関としてはその履行補助者である医師等に右知見を獲得させておくべきであって、仮に、履行補助者である医師等が右知見を有しなかったために、右医療機関が右治療法を実施せず、又は実施可能な他の医療機関に転医

をさせるなど適切な措置を採らなかったために患者に損害を与えた場合には、当該医療機関は、診療契約に基づく債務不履行責任を負うものというべきである」

という思考操作を提示する[2]。この事案の医師を判例が真の意味の履行補助者であると考えているとするならば、①のルールが用いられることになるが、その趣旨の思考過程は明示されていない。また、履行代行者であると考えられるならば、医療契約の通常の趣旨からして、その使用が想定されていると考えることができる余地が大きいから、病院は医師の選任・監督についてのみ責任を負うことになる。この判例が、そのような監督ないしは未経験の医師の選任を問題とするものであると理解することもできなくはないが、そこも、少なくとも判例それ自体は、その思考過程を明示しない。ここからは、上掲の①〜④のルールが、実は実際の事案処理においてあまり機能していない局面があるものではないか、という疑念を引き起こす。

　現実の問題として考えるならば、いわゆる履行補助者は、その使用が一律に許されているとか許されていないとかいうことではなく、履行補助者を適切に用いることをもって債務者が債務を履行するということが期待されるものであろう。適切に用いるということの一局面には、そもそも用いることが契約の趣旨に照らしできない、という場合もありうるものであり、②のルールは、その局面を切り出したものにほかならない。半面において、履行補助者を用いることが考えられる場合においても、債務者は、それを適切に用いなければならず、そこに遺漏があるならば、選任や監督に限られることなく、債権者に対し債務不履行責任を負ってしかるべきである。③のルールは、排斥されるべきであろう。③のルールが働いて債務者が免責されることは、①のルールとの関係で真の意味の履行補助者であるか履行代行者であるかという問題に重要性を帯びさせるが、③のルールが排斥されるならば、①

2　最判平成7年6月9日民集49巻6号1499頁、引用者が圏点を添えた。

のルールと②〜④のそれらの使い分けも意味をもたない、と考えることになる。小問❷は、このように考えることにより、医師が真の意味の履行補助者であるかどうかという問題に拘泥されずに解決されるべきものであった。実際に判例が与えた解決も、この観点から評価する余地がある。また、そもそもこのような事案は、履行補助者という言葉を登場させ、それらの振舞いについて、いわば代位責任を負うという発想よりも、組織としての病院の固有責任であるとみる構成も検討されてよいと思われる。

2 改正の内容

改正後の債務不履行責任は、新415条1項の規定が、本文において債務の履行がなければ債務不履行の損害賠償責任を負うという原則を立言し、同項ただし書において、免責事由、すなわち契約および取引上の社会通念に照らし債務者の責めに帰すべき事由がないことが立証されるならば、例外として賠償責任が阻却される、という構造になる。

この免責事由を考えるうえで、どのように履行補助者の問題を考えるか、この規定は、特に述べるところはない。その意味において、従来の問題状況が引き継がれていく、というふうに、大筋はみることができる。

しかし、注意しなければならないことは、従来において、履行補助者に関する伝統的通説が、特に上掲の③のルールを導くにあたり参照してきたものが、債務不履行そのものの規定ではなく代理に関するものではあるが、改正前法105条の規定であったものであり[3]、同条が削除されるに至ったという事情の変化である。

なぜ同条が削除されたかは、そこで示される規範に次のような批判があったことが大きい。すなわち、

「一方で、代理人が第三者を利用したいと思っても、それが『復代理人』

---

3 奥田昌道『債権総論〔増補版〕』（悠々社、1992年）128頁。また、於保不二雄『債権総論〔新版〕』（有斐閣、1972年）98頁注23の思考整理を参照。

にあたるかぎり、独別な要件――本人の許諾またはやむをえない事由の存在
――が常に要求され、非常にやりにくくなる。また他方で、実際に利用され
た第三者がミスをした場合、それが『復代理人』にあたるかぎり、代理人
は、その選任・監督に過失がなければ責任を負わなくてもすむ。これは、本
人からすると、やはり問題である」

という指摘である[4]。これは、まさに履行補助者に関する伝統的通説に対し
出されてきた上掲の第二の疑問に本質的に照応する。

　こうなると、履行補助者の伝統的通説は、その重要な支えを失う法状況の
変化に見舞われると考えなければならない。

3　新法のもとにおける問題状況の展望

　実際上問題となる債務不履行の多くは履行補助者といわれる者の行動によ
るものであるとみられるから、105条を削除したことは、いわゆる履行補助
者の行為についての責任に関する考え方へ及ぼす影響に十分に留意しなけれ
ばならない。なお、委任の規定において復受任者を選任することが認められ
る場合に関する規定（新644条の2）が設けられるが、それに伴い特別に受任
者の責任が限定されることはない。信託事務も信託行為で定めがない場合に
おいて、信託の目的に照らし相当であると認められる場合は第三者に委託す
ることができる（信託法28条2号）が、それに伴う受託者の責任は、改正前
法105条におけるのとは異なる考え方がとられる（信託法35条）。これは、今
般の民法改正に先行して法制上採用されていた考え方である。さらに、今般
民法改正においては、105条の削除と趣旨を同じくする見地から、遺言執行
者の復任権に関する1016条2項が削られる。

　理論的にみて、105条の削除をはじめとする新しい規律は、履行補助者論

4　山本敬三「受託者の自己執行義務と責任の範囲／復代理制度と履行補助者責任論の再
　検討を手がかりとして」道垣内弘人＝大村敦志＝滝沢昌彦編『信託取引と民法法理』（有
　斐閣、2003年）。

9　履行補助者　49

に対しても、その正当な地平を開く契機を提供するものと評価することができる。復代理人を用いることの可否と、その者の過責について受任者が免責される可能性とは、論理的に直結しない。復受任者を置いた途端に代理人の責任が選任・監督のみに軽減されることは、おかしい。それと異ならず、履行補助者を用いることの可否と、その者の過責について債務者が免責される可能性とは、やはり論理的に直結しない。

　履行補助者を用いると途端に債務者の責任が選任・監督のみに軽減されるというような思考は、105条の削除をはじめとする今般改正の趣旨に照らし、明確に廃棄されなければならない。今後は、これにかえ、履行補助者を適切に用いることをもって債務者が債務を履行するということをしなかった場合は債務不履行責任を問われる、という簡明なルールで問題の全般が処されるようになることが期待されるべきである。

10 債権者代位権

[大判昭和14年 5 月16日民集18巻557頁]

山野目　章夫

設 例

　Aは、平成33年 5 月 1 日、Bに対し、弁済期を平成35年 5 月 1 日と定めて800万円を貸し渡した。甲土地は、平成34年12月10日当時、Bが所有しており、Bを所有権の登記名義人とする登記がされていた。Bは、同日、Cに対し、代金を1200万円と定めて甲土地を売り、BからCへの所有権の移転の登記がされた。しかし、Bは、Cから代金の支払を受けていない。

❶　Aが、Cに対し甲土地の代金を請求することができる場合は、どのような場合であるか。

❷　Aが、Cに対し甲土地の代金を請求する訴訟を提起する場合において、Bの承諾を得ることを要するか。

❸　Aが、Cに対し甲土地の代金を請求する訴訟を提起した場合において、CがBに甲土地の代金を支払ったときに、AのCに対する訴訟上の請求は、認容されるか、それとも棄却されるか。

1　改正前法における解決

　債権者代位権は、債権を保全するために認められるものであり（423条 1 項）、ここに債権とは、設例において、AのBに対する貸金債権を指す。また、債権を保全するために認められる、ということからの解釈上の帰結として、金銭債権を保全する債権者代位権の行使の要件として、債務者、すなわちBが無資力であることを要するとされる。さらに、法文において明示され

る要件として、保全されるべき債権の弁済期が到来している必要がある（同条2項本文）。

　したがって、小問❶が問う債権者代位権行使の要件は、AのBに対する弁済期である平成35年5月1日が到来することと、その段階においてBが無資力であることである。

　これらの要件を満たすならば、Aは、Cを被告として、いわゆる代位訴訟を提起して債権者代位権を行使することができる。これは、Aの権利として認められることであり、したがって、小問❷が問題とするBの承諾などを要しないことは、いうまでもない。

　もっとも、この解決のもとでは、BがAによる訴訟提起を知らないということが起こりうる。たとえば、すでにBがAに借入金を返済していたという事情がある場合において、その事実を訴訟上Bが主張する機会は設けられず、この事実を知らないままCも応訴抗争をする立場に置かれ、あげくはAのCに対する請求を認容する判決がされるということになりかねない。この点が、改正前法における解決の問題点として指摘されてきた。

　くわえて、債権者代位権の行使は、代位目的権利であるCに対する代金債権について、少なくともこれを知ることになったBによる処分を制限する効果をもつと考えられてきた[1]。AがCに対し代位訴訟を提起した場合について、このことは非訟事件手続法の規定（88条3項）の類推解釈などとして説かれてきたところである[2]。処分が制限されることにより、債権を消滅させる行為もすることができず、たとえしたとしても効力が認められない。小問❸の弁済は無効であり、Bの代金債権は消滅してないから、代位訴訟におけるAの請求は認容される。

　しかし、これでは、Aが代位訴訟を提起することにより、あたかも差押えの処分制限の効力に等しいものを是認することになる。Aが債務名義を有し

---

[1]　大判昭和14年5月16日民集18巻557頁参照。
[2]　奥田昌道『債権総論〔増補版〕』（悠々社、1992年）266～270頁参照。

ないかもしれないことを考えると、この帰結は、行き過ぎではないか、ということも、かねてから指摘されてきた。

2　改正の内容

そこで新しい法制において、債務者は、債権者が債権者代位権を行使する場合においても、なお代位行使の目的となる権利を自ら取り立てるなどの行使をし、また、処分することを妨げられないとされることになった（新423条の5）。

もっとも、債権者が訴えをもって債権者代位権を行使する場合において、この訴訟の訴訟物は「債務者に属する権利」（新423条1項）であるから、これについて債務者自らは「更に訴えを提起することができない」（民事訴訟法142条）。債務者には、債権者が提起した訴訟に参加する途が開かれており[3]、訴訟告知が、その契機になる。

すなわち、代位訴訟を提起する債権者は、債務者に対し訴訟告知をしなければならない、という規律が導入される（新423条の6）。この訴訟告知は、原告となる者が参加的効力に浴することよりも、訴訟告知を受ける債務者に訴訟の係属を認識させることをねらいとするものである。訴訟告知をしなかった場合の効果としては、「遅滞なく告知がされないときは、訴えは却下されることになると思われる」という解釈が唱えられている[4]。

3　新法における解決

「債権を保全するため」に（新423条1項）という文言の解釈として、金銭債権を保全する債権者代位権の行使において、債務者、すなわちBが無資力であることが要件とされることは、現在と異ならない。また、保全されるべ

3　最判昭和48年4月24日民集27巻3号596頁。
4　山本和彦「民法（債権関係）改正のエッセンス／債権者代位権」NBL1047号9頁注25。また、その対応本文。

10　債権者代位権　53

き債権の弁済期が到来している必要があることも、法文の文言は異ならず（同条２項本文）、同じである。したがって、小問❶が問う債権者代位権行使の要件は、改正前法と同じく、ＡのＢに対する債権の弁済期である平成35年５月１日が到来することと、その時にＢが無資力であることである。無資力の要件は、厳密に述べれば、代位訴訟の弁論終結時に備わっていなければならない。

　細かいことに論及すると、債権者代位権の行使は、債務者の財産管理に対する介入であるから、保全すべき債権が債務不履行になることを待ってされるべきであると考えられる。この考え方を前提とすると、法文は保全すべき債権の弁済期の「到来」を要件とするが、むしろ、その弁済期の経過を要件とすることになるであろう。実際上、ほとんどの事例において債務不履行に基づく損害賠償請求権をも保全する債権者代位権行使となるであろうから、その場合において経過が要件であることは、いうまでもない。

　このほか、差押えが禁じられていないなど、強制執行により実現することができる債権であることを要するという要件も法文上明らかにされる（新423条３項）が、これは、設例においては、格別に問題とならない。

　これらの要件を満たすならば、Ａは、Ｃを被告として、いわゆる代位訴訟を提起して債権者代位権を行使することができる。ただし、この訴訟の提起に際してはＢに対し訴訟告知をしなければならない（新423条の６）。この訴訟告知が訴訟要件であるとすると、普通には訴訟告知の有無が職権調査事項であると考えることになる。

　もっとも、訴訟外の債権者代位権の行使において、債務者への通知をすることが義務づけられるものではなく、そのこととの権衡を考え、訴訟告知が訴訟要件ではないとする考え方も、ありうるかもしれない。この訴訟告知がＢの利益確保に仕えるものであることをふまえると、代位訴訟の被告となるＣが言い立てて受訴裁判所の職権調査を促すという展開が不自然であるという評価もありうる。今後において論議されてよいことである。

54

いずれにしても、訴訟告知を受けたBは、代位訴訟に参加することが予想される。この訴訟参加がされた場合の訴訟法律関係については、検討を要する事項が多い。まず、債務者が、債務者への履行の請求を定立するということは、妨げられないと考えられる。そうすると、「給付の相手方が異なる場合であってもなお共同訴訟参加か」という疑問[5]が生ずる。また、債権者が債権者代位権行使の基礎として主張する債務者に対する債権の存在そのものを債務者が争うときの訴訟参加は、独立当事者参加であると考えられる。

代位訴訟が提起される場合を含め、債権者代位権の行使は、代位目的権利、つまり設例においてはCに対する代金債権のBによる処分を制限する効果を有しない。小問❸の弁済は有効であり、Bの代金債権は消滅する。

そこで、この場合は債権者代位権を行使する前提を失う。

もっとも、Bによる権利行使が代位訴訟に及ぼす影響は、考え込むべき問題を伴う。

その考察の緒口は、債務者であるBによる権利行使がないことが、適法に債権者代位権の行使に着手する要件であるにとどまるか、それとも債権者代位権の行使を適法に遂行し続ける要件であるか、という点にある[6]。後者であるとするならば、BがCに対する代金債権の行使に着手した時点で（たとえCからの全額の弁済を受けるところまで進んでいないとしても）Aによる債権者代位権行使の要件を阻却することになり、代位訴訟に係る訴えは、訴訟要件を欠き、却下される。これに対し、前者の考え方にあっては、Bが代金債権を行使する挙に出ること自体は、Aが提起した代位訴訟に影響しない。ただし、Cが代金の全額をBに対し弁済するならば、Cは、代位訴訟において弁済の抗弁を提出することとなり、この事実が代位訴訟の弁論に顕出するならば、Aの請求は棄却されることになる。

5　山本・前掲注4・10頁。
6　高須順一「債権法改正後の代位訴訟・取消訴訟における参加のあり方」名城法学66巻3号が、この問題を考察する。

これらの帰結を避けることを望むAは、実際上、代位訴訟とあわせてBのCに対する債権の仮差押えをすることが必要になる。ここに、債権者代位権という制度の活用が大きく負荷を受ける契機がある。もっとも、これまで日本の債権者代位権は、債権執行と切り離されて機能する余地を大きく留保したまま発展を遂げてきたものであり、そのことから、さまざまの問題が生じていた。債権執行の前駆段階である仮差押えとの事実上の協働を要請されるものとなる債権者代位権の制度は、見方によっては、むしろ、ありうる一つの姿であるとも考えられる[7]。

7　山野目章夫「債権者代位権とラ・フォンテーヌの寓話（下）」曹時62巻11号2857頁。

11

転用型の債権者代位権

[大判明治43年 7 月 6 日民録16輯537頁]

松尾　博憲

設 例

　AがBに対して、甲土地を譲渡し、その後、BがCに対して、甲土地を譲渡した。しかし、登記上の甲土地の所有者は、Aの名義のままとなっていた。

　BがCに対する所有権移転登記に協力しないため、CはBに対する登記請求権を保全するために、BのAに対する登記請求権をBに代位して行使した。しかし、その時点でBは無資力ではなかった。BのAに対する登記請求権を行使することができるとするCの主張は認められるか。

1　改正前法における解決

(1)　債権者代位権の転用とは

　債権者代位権は、債務者の責任財産の保全を本来的な目的とする制度である。そのため、債権者代位権の被保全債権は、金銭債権であることが前提であり、かつ、債務者が無資力の場合に限り、債権者代位権を行使することができるとされる。また、ある特定の債権の実現のみを目的として債権者代位権を行使することは本来予定されていない。

　しかし、債権者代位権は、債務者の責任財産の保全とは無関係に、非金銭債権（特定債権）の内容を実現するための手段として用いられることがある。これが、債権者代位権の転用といわれるものである。

　債権者代位権が転用される場合についても、債務者の財産管理への過度の

介入を抑制しなければならないため、債権者代位権の転用が可能とされるのは、一定の場合に限定されているが、他方、債務者の責任財産の保全を目的とするものではないため、債務者の無資力を要件としないと解されている。

(2) 登記請求権を被保全債権とする登記請求権の代位行使

判例（大判明治43年7月6日民録16輯537頁）は、設例のような事案において、Cが、BのAに対する登記請求権を代位行使することができるとした。

学説もこの判例の結論を支持するものが多いが、その理由として、不動産登記制度において、AからCに対して、直接、所有権移転登記をするという中間省略登記をすることができないという点があげられている。中間省略登記は、実体的な権利関係を正確に反映することを求める不動産登記制度の要請に反するほか、登記を省略されるBの利益を害するからである。そのため、Cとしては、甲土地の所有権を自己の名義とするためには、BのAに対する登記請求権を代位行使するほかないのである。

(3) その他の債権者代位権の転用の例

不動産の登記請求権を代位行使する場合以外に、債権者代位権の転用が問題となるものとして、以下のものがあげられている。

① 不動産賃借権を被保全債権とする所有権の妨害排除請求権の代位行使

判例（大判昭和4年12月16日民集8巻944頁、最判昭和29年9月24日民集8巻9号1658頁等）は、DがEからE所有の不動産を賃借したが、Fがその不動産を権限なく不法占拠している事案において、Dが、自己のEに対する不動産賃借権を保全するために、EのFに対する所有権に基づく妨害排除請求権を代位行使することを認めた。

Dの賃借権が対抗力を有する場合には、当該賃借権に基づき妨害排除請求をすることができるとされているし（新605条の4参照）、賃借人DがEから不動産の引渡しを受けて占有を得ていた場合には、占有の訴えにより、Fに対して妨害の停止（198条）または返還（200条）を請求することができる。そのため、これらの請求をすることができる不動産賃借人は、債権者代位権

を行使することができるとする必要がないため、これを認めない見解もあるが、第三債務者に不当な不利益がないことを理由に、債権者代位権の行使は可能であるとする見解もある。また、上記のいずれにも該当しない場合には、債権者代位権の転用のほかに適当な手段がないため、不法占拠者に対して、所有者の妨害排除請求権を代位行使することができると考えられるが、不法占拠者は対抗要件の欠缺を主張する正当な利益を有しないとして、この場合にも、債権者代位権の転用を認めない見解もある。

② 債権譲渡通知請求権を被保全債権とする債権譲渡通知請求権の代位行使

判例（大判大正8年6月26日民録25輯1178頁）は、債権者Gの債務者Hに対する債権が、GからI、IからJへと譲渡されたものの、GからIへの譲渡についてHに対して債権譲渡の通知がされない事案において、Jは、自己のIに対する債権譲渡通知請求権を保全するため、IのGに対する債権譲渡通知請求権を代位行使することができるとした。

③ 賃借権を被保全債権とする建物買取請求権の代位行使

判例（最判昭和38年4月23日民集17巻3号536頁）は、借地上の建物を譲り受けたKが、土地の賃貸人であるLに対して土地の賃借権の譲渡の承諾を求めたが、Lが当該譲渡を承諾しなかったため、建物の賃借人であるMが、建物の賃借権を保全するために、Kに代位して、建物買取請求権を行使することができないとした事案において、「債権者が民法423条により債務者の権利を代位行使するには、その権利の行使により債務者が利益を享受し、その利益によつて債権者の権利が保全されるという関係」が必要としたうえで、Kが受ける利益は建物の代金債権であって、それによってMの賃借権が保全されるという関係にないとした。これは、「自己の債権を保全するため、債務者に属する権利を行使することができる」という改正前法423条の要件を充足しないことを理由とするものであった[1]。

---

1 『最高裁判所判例解説民事篇昭和38年度』134頁〔可部恒雄〕。

⑷　**債権者代位権の転用が可能となる要件**

　債権者代位権の転用の事例では、債務者の無資力は要件として不要である
と考えられている。もっとも、債務者の財産管理権に過度の介入とならない
ようにするため、債権者代位権の転用が可能となるのは、少なくとも転用に
よって代位行使をしなければならない必要性があるとともに、債務者や第三
債務者に対して不当な不利益を与えないことが必要であると考えられている
が、転用が可能となる一般的な要件についてはさまざまな見解が主張されて
おり[2]、見解が確立しているとは言いがたい状況である。

⑸　**設例の解決**

　設例において、Bが無資力でなくても、Bが所有権移転登記に協力しない
のであるから、債権者代位権を行使する必要があり、これによってAは不当
な不利益を受けるわけではないので、Cは、BのAに対する登記請求権を代
位行使することができる。

2　新法のもとでの債権者代位権の転用に関する規定

　新法は、登記または登録をしなければ権利の得喪および変更を第三者に対
抗することができない財産を譲り受けた者は、その譲渡人が第三者に対して
有する登記手続または登録手続をすべきことを請求する権利を行使しないと
きは、その権利を行使することができる旨の規定を新設している（新423条
の7）[3]。これは、改正前法における判例（前掲大判明治43年7月6日）の考え
方を明文化するものであるが、不動産登記の場合に限らず、譲渡人の第三者
に対する登記または登録を請求する権利を代位行使することができる旨を定
めるものである。たとえば、動産及び債権の譲渡の対抗要件に関する民法の

2　中田裕康『債権総論〔第3版〕』（岩波書店、2013年）228頁。
3　新法のもとでは、独立の規定が設けられたことをふまえると、責任財産保全目的での
　債権者代位権の転用ではなく、個別権利実現準備目的での債権者代位権というほうが適
　切であるとする見解もある（潮見佳男『新債権総論Ⅰ』（信山社、2017年）706頁）。

特例等に関する法律に基づく動産譲渡登記や債権譲渡登記に係る登記請求権
などが同条の規定の適用対象となると考えられる。同条で、「譲渡人が第三
者に対して有する登記手続又は登録手続をすべきことを請求する権利を行使
しないとき」が要件とされているのは、保全の必要性が要件であることを表
す趣旨である。また、同条は、新423条を準用しておらず、改正前法と同様
に、債務者の無資力は要件とされていない。

　新法の立案過程においては、債権者代位権の転用に関する一般的な規律を
設けることが検討され、具体的には、債務者の権利が行使されないことに
よって代位債権者の債務者に対する権利の実現が妨げられていること（必要
性）、代位債権者の権利の性質に応じて相当と認められること（相当性）と、
代位債権者の権利を実現するためにほかに適当な方法がないこと（補充性）
を定めることが提案されていた[4]。しかし、これに対しては、要件が抽象的
であって、過度に広範に債権者代位権の転用が可能となることへの懸念が強
かったことや、他方で、補充性の要件を明示することによって、責任財産の
保全を目的としない債権者代位権の行使が過度に制限的になることを懸念す
る意見があったことなどから、一般的な規定を設けることは見送られた。
もっとも、これは、新423条の7において規定されている場合以外に債権者
代位権の転用を認めないという趣旨ではなく、債権者代位権の転用の可否に
ついては、同条の類推または新423条の解釈に委ねられている[5]。

3　新法における解決

　設例において、新法のもとでは、Cは、新423条の7に基づいて、BのA
に対する登記請求権を代位行使することができることになる。

4　民法（債権関係）の改正に関する中間試案第14、9(2)。
5　部会資料73A・36頁。

12

詐害行為取消権の相対効

[最判平成13年11月16日金法1670号63頁]

松尾　博憲

設　例

　Aは、Bに対して、Aが保有する商標権（以下「本件商標権」という）を担保として譲渡した。譲渡の時点で、本件商標権は、Aにとって唯一の資産であった。その後、Aは、2度目の不渡りを出して、事実上倒産した。そのため、BはAから譲り受けていた本件商標権について、移転登録を申請し、譲渡を原因として移転登録をした。

　その後、Bは、Cに対して、本件商標権の使用を許諾し、Cから使用許諾料の支払を受ける旨の使用許諾契約を締結した。

　Aの債権者であるDは、詐害行為取消権を行使し、本件商標権の譲渡を取り消すとともに、BがCから使用許諾料として受領していた2202万1716円について、Aが不当利得返還請求権を有するとして、Dがこの不当利得返還請求権について債権者代位権を行使し、Aに代位して、Bに対して当該金員の支払を請求した。Dの請求は認められるか。

1　改正前法における解決

(1)　詐害行為取消権の相対的効力（折衷説）

　改正前法425条は、詐害行為取消しの効果について、「前条の規定による取消しは、すべての債権者の利益のためにその効力を生ずる」と定める。これは、詐害行為取消権が責任財産の保全を目的とする制度であり、取消しの効力について、取消債権者が優先するのではなく、平等主義をとることを明ら

62

かにした規定であるとされる。

他方、改正前法425条は、詐害行為取消しの効果が債務者に及ぶか否かについて言及していない。これは、詐害行為取消権の法的性質ともかかわる問題であるが、判例（大判明治44年3月24日民録17輯117頁）は、詐害行為取消権による取消しは、取消債権者と受益者との間のみで効力を生じ、債務者には効力が及ばないものである相対的な効力を有するにとどまり、そのため、債務者は詐害行為取消訴訟の当事者とする必要はないとしている。この判例の立場からは、詐害行為取消訴訟は、債務者の行為の取消しと受益者に対する給付請求を行うものであるということになり、詐害行為取消権の構造に関する判例の考え方は、折衷説と呼ばれる。折衷説は、詐害行為取消権の効果が第三者に及ぼす影響をできるだけ最小限にとどめ、かつ、取消しによって、債権者の共同担保を保全することができるとして評価されている。

(2) 相対的効力の帰結

判例は、詐害行為取消権による取消しの効力が相対的効力を有するにとどまるとしながら、詐害行為取消権によって取り消された後の法律関係について、次のように整理することになると解されている。

① 詐害行為取消権を行使して、債権者と受益者との間で債務者の法律行為が取り消されても、取消しの効果は債務者に及ばないため、債務者と受益者との間では、引き続き当該法律行為は有効である。

② ①の結果、債務者は、受益者に対して、取消しの効果を主張し、これを前提とする逸出財産の返還請求等の請求をすることはできない。

③ 詐害行為取消権は、すべての債権者の利益のために効力を生ずるのであるから、逸出財産の返還や価額賠償は債務者に対してされるのが原則である。

逸出財産が不動産の場合には、受益者への移転登記について抹消登記がされ、債務者に登記の名義が戻ることになる。取消債権者や他の債権者は、当該不動産について強制執行をすることができる。もっとも、判例

12 詐害行為取消権の相対効　63

（大判大正10年6月18日民録27輯1168頁、最判昭和39年1月23日民集18巻1号76頁）は、受益者から返還を受ける物が金銭または動産である場合には、取消債権者は、受益者に対して、直接取消債権者に対して引渡しを求めることができるとしている。これは、金銭または動産の場合には、債務者が受領しない場合もあることや、相対的取消しの効果を前提とすると、債務者には受領する根拠がないということが理由とされている。

④ ③によって、金銭または動産を受益者から受領した取消債権者は、これを債務者に返還しなければならない。しかし、取消債権者が金銭を受領した場合については、金銭の返還請求権を受働債権とし、被保全債権を自働債権とする相殺をすることによって、事実上、被保全債権を優先的に回収することができることとなる。

⑤ 債務者の受益者に対する債務消滅行為が取り消された場合には、いったん消滅した受益者の債務者に対する債権が回復するとされている（大判昭和16年2月10日民集20巻79頁）。

⑥ 詐害行為取消権が行使されたことによって、受益者が取得した財産を喪失し、または価額賠償をしなければならない結果、損失を被ることがあるが、債務者と受益者との間では法律行為が有効であるので、受益者が債務者に対して支払った反対給付について返還を求めることはできない。しかし、債務者に財産が復帰し、その財産に対する強制執行等によって取消債権者またはその他の債権者が弁済を受けたときは、その債務消滅分が不当利得となり、この時点で、受益者は債務者に対して不当利得返還請求権を取得する[1]。

(3) 判例に対する批判

詐害行為取消権の効力を相対的効力とする判例の考え方に対しては、次のような批判がある。

1　中田裕康『債権総論〔第3版〕』（岩波書店、2013年）271頁。

(a) 詐害行為取消権によって逸出財産である不動産について、登記の名義を債務者に戻し、そのうえで、当該不動産について強制執行をすることができること（上記③）や、債務者の受益者に対する債務消滅行為が取り消された場合にいったん消滅した受益者の債務者に対する債権が回復すること（上記⑤）については、債務者に取消しの効力が及ばないとする相対的効力の考え方と整合しない。

(b) 詐害行為取消権を行使して、取消債権者が、受益者から金銭の引渡しを受け、金銭の返還請求権を受働債権とし、被保全債権を自働債権とする相殺をすること（上記④）については、債務者に取消しの効力が及ばないことからすると、債務者は取消債権者に対して不当利得返還請求権を有しないはずであり、相殺することができるとする根拠が不明である。

(c) 詐害行為取消しがされたときに、受益者が債務者に対して支払った反対給付について直ちに返還を求めることはできないこと（上記⑥）は、相対的効力の考え方とは整合的であるが、結論が妥当でない。

(4) 設例の解決

判例（最判平成13年11月16日金法1670号63頁）は、設例のような事案において、本件商標権の譲渡を詐害行為取消しによって取り消すことを認めたうえで、Bが使用許諾料として受領した金額についての不当利得返還請求権の代位行使の可否については、「詐害行為の取消しの効果は相対的であり、取消訴訟の当事者である債権者と受益者との間においてのみ当該法律行為を無効とするに止まり、債務者との関係では当該法律行為は依然として有効に存在するのであって、当該法律行為が詐害行為として取り消された場合であっても、債務者は、受益者に対して、当該法律行為によって目的財産が受益者に移転していることを否定することはできない」としたうえで、BがCから受領した使用許諾料については、Aとの関係で法律上原因がないとはいえないとして、不当利得返還請求権が成立しないとした。これは、上記(2)①および

②の考え方の帰結であるといえる。

したがって、設例において、Dは、Aに代位して、Bに対してCから受領した使用許諾料相当額の金員の支払を請求することはできない。

2　新法のもとでの詐害行為取消権の効力

新法425条は、「詐害行為取消請求を認容する確定判決は、債務者及びその全ての債権者に対してもその効力を有する」として、債務者に対しても、詐害行為取消権の効力が及ぶこととした。これは、上記1(3)記載の相対的効力に対する批判をふまえて、債務者にも詐害行為取消権の効力を及ぼすことが望ましいという考慮に基づくものである。

新法のもとで1(2)①〜⑥の問題については、以下のように整理されることになる。

① 詐害行為取消権を行使して、債権者と受益者との間で債務者の法律行為が取り消されることにより、債務者と受益者との間でも、法律行為は無効となる。

② 債務者は、受益者に対して、取消しの効果を主張し、これを前提とする返還請求等の請求をすることができる。

③ 詐害行為取消権は、すべての債権者の利益のために効力を生ずるのであるから、逸出財産の返還や価額賠償は債務者に対してされるのが原則である。

逸出財産が不動産の場合には、受益者への移転登記について抹消登記がされ、債務者に登記の名義が戻ることになる（新424条の6第1項前段）。もっとも、受益者から返還を受ける物が金銭または動産である場合には、取消債権者は、受益者に対して、直接取消債権者に対して引渡しを求めることができる（新424条の9第1項）。

④ ③によって、金銭または動産を受益者から受領した取消債権者は、これを債務者に返還しなければならない。しかし、取消債権者が金銭を受領し

た場合については、金銭の返還請求権を受働債権とし、被保全債権を自働債権とする相殺をすることによって、事実上、債権を優先的に回収することができることは、否定されていない。

⑤　債務者の受益者に対する債務消滅行為が取り消された場合において、受益者が債務者から受けた給付を返還し、またはその価額を償還したときは、受益者の債務者に対する債権が回復する（新425条の３）。

⑥　詐害行為取消権が行使されたことによって、受益者が取得した財産を喪失し、または価額賠償をしなければならないが、債務者と受益者との間では法律行為が無効となるので、受益者が債務者に対して支払った反対給付について返還を求めることができる（新425条の２）。

3　新法における解決

新法のもとでは、設例において、本件商標権の譲渡の取消しの効力が債務者であるＡにも及ぶことになる。そのため、改正前法において、判例が、相対的効力を理由としてＢが使用許諾料として受領した金額についての不当利得返還請求権が成立しないとした点は、新法においては、妥当しないことになる。

もっとも、取消しの効力が債務者に及ぶとしても、取消しによる原状回復請求として、使用利益について返還を請求することができるかという点は、別途問題となる[2]。

一般に、法律行為が取り消された場合に、原状回復の範囲に使用利益が含まれるかという点については、見解が確立しているとは言いがたい状況にある[3]。必ず使用利益について債務者に返還しなければならないとする考え方

---

[2]　なお、改正前法においても、取消債権者が、債務者が有する不当利得返還請求権を債権者代位権によって代位行使するという構成ではなく、本件商標権の譲渡についての詐害行為取消権の行使によって、使用許諾料に係る金銭の引渡しを受益者に対して直接請求するという構成がありうるため、この問題は、改正前法においても問題になりうるとの指摘がある（金法1670号64頁コメント）。

については、受益者の才覚によって増殖した財産について、取消債権者が優先的に回収する結果を認めることにもつながりかねないので、結論が妥当でない場合も少なくないだろう。また、詐害行為取消権による取消しの場合には、詐欺や強迫による取消しの場合と異なり、債務者との関係で受益者に非難すべき点は大きくないため、受益者に使用利益を帰属させることが不当とはいえない。特に、設例のように、商標権のライセンスによって使用許諾料を得ることは容易でないことからすると、これについて、債務者の責任財産に帰属させなければならないとする結論には疑問がある。

　この問題は、たとえば、受益者への不動産の譲渡が詐害行為として取り消された場合に、受益者が当該不動産から受領していた賃料相当額について、債務者が不当利得の返還を請求することの可否としても問題となりうる。この問題について、受益者が受領した地代・家賃について不当利得として返還を請求しうるとする見解もあるが[4]、基本的には、賃料相当額の返還請求をすることはできないと解すべきであろう。

3　於保不二雄＝奥田昌道『新版注釈民法(4)』（有斐閣、2015年）502頁。もっとも、詐害行為取消権が行使された場合における原状回復の範囲について、一般的な取消しと同様に考えてよいかどうかについて判示した判例はない。

4　奥田昌道『新版注釈民法(10)Ⅱ』（有斐閣、2011年）928頁。

13 根保証

[最判平成24年12月14日民集66巻12号3559頁]

松尾　博憲

設例

　株式会社であるAは、平成26年4月1日に、株式会社であるCに対して、平成28年4月1日を弁済期として、金10億円を貸し付けた（以下、この債務を「甲債務」という）。その後、Aは、平成26年9月1日に、Cに対して、平成28年9月1日を弁済期として、金5億円を貸し付けた（以下、この債務を「乙債務」という）。

　Aは、平成27年4月1日に、株式会社であるBとの間で、Aを貸主とし、Cを借主とする金銭消費貸借契約等によって生ずるCの債務を主たる債務とし、極度額を50億円、保証期間を平成27年4月1日から5年間として、連帯根保証契約を締結した（以下「本件根保証契約」という）。

　その後、Aは、平成27年9月1日に、乙債務に係る債権をDに譲渡し、Dは同日、当該債権をEに対してさらに譲渡した。

　Eは、平成28年4月1日に、乙債務について、Bに対して保証債務を履行することを請求した。EのBに対する請求は認められるか。

1　改正前法における解決

⑴　根保証の随伴性とは

　設例では、元本確定前の本件根保証契約の主たる債務の一つが第三者であるEに譲渡されており、この譲渡に伴って保証債務が随伴し、EがBに対して保証債務の履行を請求することができるかという点が問題となる。

13　根保証　69

保証債務は、主たる債務が移転すれば、主たる債務とともに当然に移転するという随伴性があるとされている。これは、保証債務が債権の担保であるという性質から認められるものであると説明されている。

　もっとも、根保証に係る保証債務が随伴性を有するかという点については、見解が対立していた。これは、根保証の性質についての考え方の違いに起因するものと分析されている。すなわち、①根保証は保証期間中発生する個々の主たる債務を保証するものであるという考え方（個別保証集積説）と、②根保証は保証期間が終了した時点で存在する債務いっさいを担保するという考え方（根抵当権類似説）があり、①は根保証を普通保証の集積であるととらえているのに対し、②は根保証を根抵当権に近づけてとらえるものである。そして、①の考え方によれば、元本の確定とは、主たる債務の発生の終期を定めるにすぎないものであり、元本確定前であっても、主たる債務が譲渡されれば、当該主たる債務に対応する保証債務も随伴して移転することになる。他方、②の考え方によれば、元本の確定によってはじめて主たる債務が特定されることになるから、元本確定前に個々の主たる債務が譲渡されても、当該主たる債務は根保証契約の保証範囲に含まれないため、債権の譲受人は、保証債務の履行を請求することができないことになる。

　もっとも、根保証契約も契約自由の原則により、当事者がその内容を自由に定めることができるのであり、上記の根保証の性質も当事者間の合意によって定まるものである。したがって、根保証に係る保証債務の随伴性の有無は、根保証の性質についての当事者の合意内容が明確でない場合におけるデフォルトルールのあり方の問題として議論されてきた[1]。

(2)　最判平成24年12月14日

　この点が問題となった最判平成24年12月14日民集66巻12号3559頁（以下「平成24年最判」という）は、「根保証契約を締結した当事者は、通常、主た

1　中田裕康『債権総論〔第3版〕』（岩波書店、2013年）514頁。

る債務の範囲に含まれる個別の債務が発生すれば保証人がこれをその都度保証し、当該債務の弁済期が到来すれば、当該根保証契約に定める元本確定期日（本件根保証契約のように、保証期間の定めがある場合には、保証期間の満了日の翌日を元本確定期日とする定めをしたものと解することができる。）前であっても、保証人に対してその保証債務の履行を求めることができるものとして契約を締結し、被保証債権が譲渡された場合には保証債権もこれに随伴して移転することを前提としているものと解するのが合理的である。そうすると、被保証債権を譲り受けた者は、その譲渡が当該根保証契約に定める元本確定期日前にされた場合であっても、当該根保証契約の当事者間において被保証債権の譲受人の請求を妨げるような別段の合意がない限り、保証人に対し、保証債務の履行を求めることができるというべきである」と判示し、根保証の性質について、個別保証集積説をとるべきであるとしたうえで、当事者の合理的な意思解釈として、根保証に係る保証債務には随伴性が認められることを明らかにした。

(3)　元本確定前の履行請求

　元本確定前の根保証に係る保証債務の随伴性と関連する問題として、元本確定前に債権者が保証債務の履行を請求することができるかという点がある。平成24年最判は、元本確定前の履行請求の可否について、根保証契約の当事者は、元本確定前に保証債務の履行を請求することができるものとして契約を締結していると解するのが合理的であるとしている。

　根保証の性質について個別保証集積説を前提とするのであれば、このように考えるのが自然であり、また、元本確定前に債権者が強制執行の申立てをすることができるとする民法の規定とも整合的である[2]。また、元本確定前に保証人に対して履行請求をすることができないとすると、主債務者が期限の利益を喪失しているにもかかわらず、保証人に保証債務の履行を請求する

2　山野目章夫「根保証の元本確定前における保証人に対する履行請求の可否」金法1745号10頁。

ことができないことになり、保証契約の当事者の意思に合致しないとの指摘がある[3]。

(4) 設例の解決

設例においては、AとBが根保証に係る保証債務の随伴性の有無について特段の合意をしていなかったのであれば、乙債務の譲渡に伴って、保証債務も移転するため、EはBに対して保証債務の履行を請求することができることになる。

2　新法のもとでの根保証に関するルール

(1) 根保証規制の拡張

改正前法は、主たる債務の範囲に貸金等債務（金銭の貸渡しまたは手形の割引を受けることによって負担する債務）を含む根保証契約であって、保証人が法人でないものを「貸金等根保証契約」と定義し、これについて、極度額を定めなければならないものとし、また、元本確定期日の到来または元本確定事由の発生によって元本が確定することとして、個人保証人の保護を図っていた。他方、これ以外の根保証契約については、規定は設けられていなかった。

新法は、根保証契約のうち保証人が法人でないものを「個人根保証契約」と定義し、貸金等根保証契約に関する規律内容は維持したうえで（ただし、新法のもとでは、「貸金等根保証契約」という用語が、「個人貸金等根保証契約」と改められている）、個人根保証契約についても、①極度額を定めなければならないこととし、②元本確定事由の発生によって元本が確定することとしたが、③元本確定期日に関する定めは設けられていない。なお、元本確定事由についても、個人貸金等根保証契約とは異なり、主債務者が破産手続開始の決定を受けたことや主債務者の財産への強制執行・担保権の実行は、元本確

3　岡本雅弘「根保証の元本の確定」金法1783号4頁。

定事由から除外されている。

(2) 元本確定前の根保証の随伴性と履行請求について

新法の立案過程においては、根保証の元本確定前の随伴性と履行請求の可否について、平成24年最判を明文化する規定を設けることも検討された。しかし、元本確定前の履行請求を認めることによって、保証人が保証債務を履行した後に行われた貸付が保証の対象となるとするのは不合理であるとして、元本確定前の履行請求を認めるべきではないとの意見も有力に主張されたため[4]、解釈に委ねられることとなった。

3　新法における解決

(1) 設例の解釈

新法のもとでも、元本確定前の根保証の随伴性については、解釈に委ねられることとされているため、平成24年最判は引き続き妥当すると考えられる。

そのため、設例において、新法のもとでも、ＡとＢが根保証契約の随伴性の有無について特段の合意をしていなかったのであれば、乙債務に係る債権の譲渡に伴って、保証債務も移転するため、ＥはＢに対して保証債務の履行を請求することができることになるという結論は変わらないと考えられる。

(2) 残されている問題への対応

① 平成24年最判の射程（個人根保証契約に係る保証債務の随伴性）

仮に設例のＢが個人であった場合には、本件根保証契約は、個人貸金等根保証契約に該当することとなる。平成24年最判は、保証人が株式会社であったため、改正法の根保証契約に関する規制が適用されない根保証契約が対象となっていたが、同最判の射程は、貸金等根保証契約にも及ぶと理解されていたため[5]、新法の個人貸金等根保証契約についても、根保証契約の当事者

4　高須順一＝赫高規「根保証における元本確定前の履行請求および随伴性について」（民法（債権関係）部会委員等提供資料）。

間に特段の合意がない限り、元本確定前の根保証に随伴性が認められることになると考えられる。もっとも、個人貸金等根保証契約については、後述するようなさまざまな派生的な問題が顕著に現れることになる[6]。

② 元本確定前の保証債務の履行後に主債務者が新たに負担する債務が保証の対象となるか

元本確定前の保証債務の履行請求が可能であるとすると、極度額に余裕がある場合に、債権者が債務者に対して新たに貸付を行い、当該貸付に係る債務について、保証人が責任を負うことになるかという点が問題となる。前記のとおり、新法の立案過程では、この点が保証人の保護という観点から問題があるとして、元本確定前には保証債務の履行請求を不可とする旨の規定を設けるべきであるとの主張がされた。

元本が確定していない以上、保証債務の履行後の貸付がされた場合には、かかる貸付に係る債務も主債務に含まれるが[7]、この場合には、保証人に対する履行請求が信義則に反して許されない場合がありうるとの見解がある[8]。

③ 極度額の計算

元本確定前に、保証人が保証債務を履行した場合に、極度額が減額されるかという点が問題となるが、保証人が保証債務を履行した範囲で極度額も減少すると考えるのが合理的であると考えられる。

もっとも、元本確定前の根保証の随伴性を認めた場合には、難解な問題が

---

5 『最高裁判所判例解説民事篇平成24年度（下）』747頁〔畑佳秀〕。

6 以下の問題は、髙部眞規子「根保証契約の主たる債務の範囲に含まれる債務に係る債権の譲渡が元本確定期日前にされた場合に譲受人が保証債務の履行を求めることの可否」金法1990号44頁以下において詳細に検討されている。

7 実務的には、元本確定前に保証債務の履行を請求しているような事案において、新たに貸付を行うという事態は考えにくいとの指摘がされている（藤原彰吾「元本確定前の根保証の随伴性を認めた最高裁判決」金法1965号5頁）。もっとも、たとえば家賃債務保証の場合には、保証人による保証債務の履行後に、主債務が生ずることも想定され、このような債務については、保証債務の履行を請求することは不当とはいえないだろう。

8 山野目・前掲注2・11頁、藤原・前掲注7・5頁。

生ずると指摘されている。たとえば、設例において、極度額が10億円と定められていた場合において、AとEがそれぞれBに対して保証債務の履行を請求することができる金額が問題となる。

この点については、AおよびEの双方が、極度額の範囲内で保証債務の履行を請求することができ、Bは、極度額の範囲でいずれかに保証債務を履行すれば免責される（つまり、AとEは早い者勝ちで10億円の範囲で保証債務の履行を請求することができるということになる）という考え方が有力である。極度額が案分されるという考え方もありえなくはないが、その根拠に乏しいことや、保証人は保証債務の履行にあたって、各保証人の極度額を把握し、弁済の相手方を判断しなければならなくなるという不都合が生じうるという問題がある。前者の考え方が妥当であろう。

④　弁済による代位

元本確定前の根保証の随伴性を認めるのであれば、元本確定前に第三者が主たる債務を弁済した場合には、当該第三者は、弁済による代位によって、保証人に対して弁済された主たる債務に対応する保証債務の履行を請求することができると考えられる。この場合における債権者と代位者による履行請求の範囲は、上記③において検討した譲渡人と譲受人による履行請求の範囲と同様に考えてよい。代位者が保証人に対して履行請求することができる範囲は、新501条2項によって決せられることになる。

13　根保証　75

14 債権譲渡（譲渡制限特約）

［最判平成9年6月5日民集51巻5号2053頁（設例①）］
［最判平成21年3月27日民集63巻3号449頁（設例②）］

松尾　博憲

設例①

譲渡人Aが債務者Cに対して有する譲渡禁止特約付きの金銭債権（以下「甲債権」という）を、譲渡禁止特約が付されていることについて悪意の譲受人Bに譲渡し、Bが第三者対抗要件を具備した後に、譲渡人Aの債権者であるDが甲債権を差し押さえた。

その後、Cが甲債権のBに対する譲渡を承諾してBに対して弁済をしたときに、CはDに対して当該弁済による債権の消滅を対抗することができるか。

設例②

譲渡人Eが債務者Gに対して有する譲渡禁止特約付きの請負報酬債権（以下「乙債権」という）を、譲渡禁止特約が付されていることについて悪意の譲受人Fに譲渡した後に、Eは特別清算手続開始の決定を受けた。

Eの清算人であるHは、乙債権の譲渡が無効であると主張したため、Gは甲債権の債権額に相当する金額を供託した。EとFのいずれが供託金の還付請求権を有するか。

1　改正前法における解決

(1)　譲渡禁止特約の効力（物権的効力説）

債権は、原則として自由に譲渡することができるが（改正前法466条1項）、

「当事者が反対の意思を表示した」ときは、「悪意」の譲受人に対して当該意思表示を対抗することができるとしている（同条2項）。この当事者の意思表示は、譲渡禁止特約と呼ばれてきたが、判例は、譲渡禁止特約に違反して「悪意」の譲受人に譲渡された場合には、譲渡当事者間でも譲渡が無効になるという立場（物権的効力説）をとっていると理解されている（最判昭和52年3月17日民集31巻2号308頁等）（以下「昭和52年判決」という）。

　また、「悪意」の意義に関して、判例は、譲受人が善意であっても重大な過失がある場合には、悪意と同視すべきであるとして、当該譲受人に譲渡禁止特約の効力が及び、譲渡は無効であるとしている（最判昭和48年7月19日民集27巻7号823頁）。

　譲渡禁止特約は、民法制定当時は、過酷な取立てを行う者に債権が譲渡されることを防止し、弱い債務者を保護する機能を有することが期待されていたが[1]、現在では、強い立場にある債務者が、譲渡禁止特約を付しているという実態があるとされる。現在、債務者が譲渡禁止特約を付す目的としては、①過誤払いの危険の回避、②譲渡人に対して有する債権との相殺の期待の保護、③弁済の相手方が変わることによる事務負担の煩雑さの回避などがあげられており、譲渡禁止特約は、弁済の相手方を固定する機能を有すると評価されている。

(2)　譲渡禁止特約をめぐる法律関係

①　承諾の遡及効と第三者

　上記のとおり、判例は、譲渡禁止特約の効力について、物権的効力説をとっていると理解されているが、この考え方を貫徹しているわけではない。

　たとえば、譲渡禁止特約について悪意の譲受人に債権が譲渡され、その後、債務者が譲渡を承諾した場合には、無効な行為の追認は追認時に効力を生ずるはずであるが（119条）、昭和52年判決は、承諾があれば、譲渡時にさ

1　中田裕康『債権総論〔第3版〕』（岩波書店、2013年）523頁。

かのぼって有効となるとしている[2]。

この昭和52年判決の考え方を貫徹すると、設例①のような事案については、譲渡時にさかのぼってBに対する譲渡が有効となる結果、Bに対する弁済をDに対して対抗することができるという結論になりそうである。しかし、判例（最判平成9年6月5日民集51巻5号2053頁）（以下「平成9年判決」という）は、「譲渡禁止の特約のある指名債権について、譲受人が右特約の存在を知り、又は重大な過失により右特約の存在を知らないでこれを譲り受けた場合でも、その後、債務者が右債権の譲渡について承諾を与えたときは、右債権譲渡は譲渡の時にさかのぼって有効となるが、民法116条の法意に照らし、第三者の権利を害することはできないと解するのが相当である」と判示した。

平成9年判決は、譲渡禁止特約に違反してされた債権譲渡は、債務者による承諾がされると、116条本文の類推適用により遡及して有効になるが、譲渡の効力の遡及効は同条ただし書に照らして第三者を害することができないと判断したものであると理解されており[3]、これによって無効行為の追完法理を積極的に認めたと評価する見解もある[4]。

② 無効の主張権者

物権的効力説によれば、譲渡禁止特約違反の債権譲渡は無効となるが、無効な行為は、効果の不発生をだれでも主張することができるというのが原則である。

---

2 昭和52年判決は、①譲渡禁止特約付債権が悪意の譲受人に譲渡され、②当該譲受人が確定日付のある通知により第三者対抗要件を具備した後で、③債務者が譲渡を承諾し、④その後、譲渡人の債権者（差押債権者）が譲渡禁止特約付債権を差し押さえ、転付命令を得たという事案である。そして、債務者による承諾に際して、譲受人があらためて第三者対抗要件を取得する必要がないという結論を導くための理論構成として、承諾によって遡及的に譲渡が有効となると判断したものである。

3 『最高裁判所判例解説民事篇平成9年度（中）』669頁〔三村量一〕、池田真朗『債権譲渡法理の展開―債権譲渡の研究第2巻』（弘文堂、2001年）356頁。

4 道垣内弘人「判批」金法1524号28頁。

しかし、判例（最判平成21年３月27日民集63巻３号449頁）（以下「平成21年判決」という）は、譲渡禁止特約に違反して債権を譲渡した譲渡人の清算人が譲渡の無効を主張したという設例②のような事案で、「債権の譲渡性を否定する意思を表示した譲渡禁止の特約は、債務者の利益を保護するために付されるものと解される。そうすると、譲渡禁止の特約に反して債権を譲渡した債権者は、同特約の存在を理由に譲渡の無効を主張する独自の利益を有しないのであって、債務者に譲渡の無効を主張する意思があることが明らかであるなどの特段の事情がない限り、その無効を主張することは許されないと解するのが相当である」と判示して、清算人は譲渡の無効を主張することができないとした。

　平成21年判決の理解については、譲渡禁止特約に反する譲渡の効力については、相対的無効とされるものの特徴が多く備わっており、主張権者の範囲についても、債務者に無効を主張する意思がない場合には、原則として他の者が無効を主張する利益はないと判断したものとする見解[5]のほか、この結論を導く決定的な要素は信義則違反（禁反言の原則）であるとする見解[6]がある。

③　譲渡禁止特約の効力に関する判例の立場

　このように、判例は、譲渡禁止特約違反の債権譲渡の効力について、譲渡当事者間でも無効であることを前提としつつも、相対的無効の特徴を有することを前提として、個別の事案における結論を導いており、物権的効力説で説明することが適当なのかという疑問が呈される状況にあった。

(3)　**設例の解決**

①　設例①について

　平成９年判決によれば、設例①の事案では、Ｃの承諾によって、Ｄを害す

5　『最高裁判所判例解説民事篇平成21年度（上）』257頁〔高橋譲〕。
6　池田真朗『債権譲渡の発展と特例法──債権譲渡の研究第３巻』（弘文堂、2010年）255頁。

ることができないので、CはBに対する弁済をDに対抗することができない
ということになる。

② 設例②について

平成21年判決を前提とすると、設例②については、EおよびHがFに対し
て乙債権の譲渡の無効を主張することはできないため、Fが供託金の還付請
求をすることができると解される。

なお、この判例を前提として、たとえば、譲渡人について破産手続開始の
決定があった場合に、破産管財人が譲渡の無効を主張する独自の利益を有す
るかという点については、判例の射程外であると理解されている[7]。

2 新法のもとでの譲渡制限特約の効力

(1) 問題の所在

近時では、売掛債権を担保とする方法をはじめとする債権譲渡による資金
調達が、特に中小企業にとって重要となっており、これまでの不動産担保や
保証による資金調達にかわりうるものとして積極的に活用しようとする動き
があるが、このような立場からは、譲渡禁止特約違反の債権譲渡が無効とさ
れることについて、債権譲渡による資金調達の支障となっているという問題
が指摘されている[8]。

また、上記のとおり、物権的効力説を前提としつつ、これを個別に修正す
るという判例の立場は、妥当な結論を導く観点からは適当であるものの、予
見可能性に乏しいという問題がある。

(2) 譲渡制限特約の考え方

上記のような問題をふまえ、新法では、当事者間で債権譲渡を禁止し、ま
たは制限する旨の特約（以下「譲渡制限特約」という）がある場合であって

---

7 高橋・前掲注5・261頁、池田・前掲注6・257頁。
8 譲渡禁止特約が資金調達の支障となっていた具体的な理由については、部会資料74
 A・3頁参照。

も、その譲渡の効力は妨げられないこととした（新466条2項）。すなわち、譲渡制限特約付きの債権を譲渡し、譲受人が対抗要件を具備すれば、当該債権は、譲受人の主観にかかわらず、譲受人に帰属することになる。

　他方、弁済の相手方を固定するという譲渡禁止特約の機能は、債務者にとってきわめて重要であり、これを保護する必要があった。そこで、新法では、譲渡制限特約付きの債権譲渡を有効としつつ、債務者は、譲渡制限特約について悪意または重過失の譲受人に対する債務の履行を拒むことができることとし、さらに、譲受人が対抗要件を備えた後であっても、譲渡人に対する弁済その他の当該債権を消滅させる事由をもってその譲受人に対抗することができることとしている（新466条3項）。したがって、譲渡制限特約付債権が悪意または重過失の譲受人に譲渡された場合には、債務者が譲渡人に対して弁済し、譲渡人が受領した金銭を譲受人に引き渡すことで、譲受人が債権回収を図ることが想定されている。

　このように譲渡人に対する弁済等を譲受人に対抗することができるとすると、譲受人の債権回収に支障が生じうる場合も想定される。第一に、債務者が譲渡人に対して任意に弁済をしない場合である。譲渡人は、すでに債権を譲渡しているため、債権の取立権限を有しないと解される。他方、前記のとおり、債務者は譲受人に対する債務の履行を拒むことができるため、譲受人も債権の取立てを行うことができないとなると、債務者に対して債務の履行を請求することができる者が存在しないことになりかねない。そこで、新法は、債務者が債務を履行しない場合に、譲受人が相当の期間を定めて譲渡人への履行の催告をし、その期間内に履行がないときは、債務者は、譲渡制限特約の効力を譲受人に主張することができないこととしている（新466条4項）。この場合には、債務者が履行を遅滞している場合にまで、譲受人の債権回収の必要性を犠牲にして譲渡制限特約によって債務者の利益を保護する必要はないとの考慮に基づくものとされている[9]。第二に、譲渡人について破産手続開始の決定があった場合である。譲渡人に破産手続開始の決定が

あった後に、破産手続開始の決定がされているときには、その後に債務者が破産管財人に対して弁済すると、その金銭の引渡請求権は財団債権として保護されるとしても、譲受人が全額の回収をすることができないおそれがあることが資金調達の際に問題となりうるのである[10]。そのため、新法は、譲渡人について破産手続開始の決定があった場合には、譲受人（債権の全額を譲り受けた者であって、譲渡を第三者に対抗することができる者に限る）は、債務者に対して、その債権の全額に相当する金銭を供託させることができるとした（新466条の3）。そして、この供託された金銭の還付を請求することができるのは、譲受人に限定されているので（同条、新466条の2第3項）、譲受人は、破産手続外で、債務者が供託した金額全額を回収することができるのである。

　以上のように、新法は、弁済の相手方保護という債務者の利益を保護しながら、譲渡制限特約付きの債権を資金調達に利用することを可能とすることを図ったものである。

3　新法における解決

(1)　設例①について

　新法のもとでは、譲渡制限特約付債権の譲渡は有効であるので、その後に譲渡人Aの債権者であるDが甲債権を差し押さえたとしても、この差押えは、「空振り」となる。現行法のもとでは、譲渡禁止特約付きの債権が二重に譲渡された場合や差押えと譲渡が競合した場合には、譲受人間または譲受人と差押債権者との間の優劣関係は、対抗要件具備の先後のみならず、譲受人の主観によって決せられることとなっていたが、新法のもとでは、対抗要件具備の先後のみによって優劣が決せられることになる。

　したがって、債務者CがBに対する譲渡を承諾したうえで、Bに対して弁

9　部会資料74A・5頁。
10　部会資料78B・10頁。

済をすれば、債権が消滅することになる。この設例①と同様の事案において、債務者Cが、Bに対する譲渡を承諾せず、Dに対して弁済をした場合には、Cの弁済が無効であるため、BはCに対して、Aに弁済することを請求することができることになる。

　なお、新法のもとで、譲渡制限特約付債権の譲渡についての債務者の承諾は、譲渡の効力に影響を与えるものではなく、債務者が、その時以降、譲渡制限特約の効力を譲受人に対して主張しないという意思表示をしたものとして位置づけられ、その後に債務者が譲渡制限特約の効力を譲受人に主張することはできなくなると考えられる。

⑵　設例②について

　前記のとおり、譲渡制限特約付債権の譲渡は有効であるため、譲渡人Eおよびその清算人Hは譲渡が無効であることを主張することはできない。

　また、新法では、譲渡制限特約付きの金銭債権が譲渡された場合に、債務者がその債権の全額に相当する金銭を供託することができる旨の規定が設けられている（新466条の2第1項）。これは、改正前法のもとで、譲渡禁止特約付債権が譲渡された場合に、債務者は、債権者不確知を供託原因として供託することができるとされていたところ（改正前法494条）、新法のもとで、譲渡制限特約付債権が譲渡された場合には、譲受人の主観にかかわらず、債権は譲受人に移転することになるため、債務者が譲受人の主観を知ることができないとしても客観的に債権者は定まるので、債権者不確知には該当しないと考えられるため、新たに供託の根拠規定を設けることとしたものである[11]。そして、債務者が供託をした金銭については、譲受人に限り還付を請求することができるとされている（新466条の2第3項）。

　したがって、設例②においては、Fが供託金の還付請求権を有することになる。

11　部会資料78B・9頁。

4 新法のもとにおけるその他の問題

(1) 譲渡制限特約付債権の譲渡可能性

ところで、新法は、譲渡制限特約付債権による資金調達を可能とすることを目的とするものであるが、これに対しては、譲渡制限特約付債権の譲渡が契約違反となり、契約が解除されるおそれがあるなどとして、譲渡制限特約付債権によって資金調達を行うことは困難ではないかという指摘もある。この指摘は、いくつかの問題を内包するものであるが[12]、ここでは、譲渡制限特約付債権の譲渡が、契約違反になるのかという問題について取り上げることにする。

この点について、弁済の相手方を固定する目的は達成することができるように配慮したうえで、債権譲渡を有効としているという譲渡制限特約の目的をふまえれば、譲渡制限特約が付された債権の譲渡は必ずしも特約の趣旨に反するものではないとみる余地があるとの見解が示されている[13]。これは、契約解釈のレベルで、新法の趣旨をふまえた判断がされるとするものであり、譲渡制限特約付債権が、悪意または重過失の譲受人に譲渡されている限りにおいては、債務者にとって不利益がないのであるから、新法のもとにおいてこのような契約解釈がされることは合理的であると考えられる。

また、仮に契約違反であると解されるとの立場に立ったとしても、契約の解除の可否については、新法のもとでは、譲渡制限特約付債権が譲渡されても、債務者にとっては特段の不利益がなく、債権譲渡を行ったことをもって取引関係を打ち切り、または契約解除などを行うことはきわめて合理性に乏

---

12 この問題とそれへの考え方については、株式会社三菱総合研究所「平成27年度産業経済研究委託事業『ABLの現状、普及促進に向けた課題及び債権法改正等を踏まえた産業金融における実務対応の調査検討』報告書」15頁以下、堀内秀晃「民法改正と譲渡制限特約—ABLレンダーの視点より—」金法2031号15頁において詳細に検討されている。

13 第192回国会衆議院法務委員会小川民事局長答弁（同会議録12号 4 頁（平成28年12月 2 日））。

しい行動であるため、いわゆる権利濫用などに当たりうるとの見解がある[14]。この見解は、仮に譲渡制限特約違反があったことを約定解除事由としていたとしても、権利濫用に当たりうるという趣旨であると考えられる。

　法的には以上のように整理されるが、しかし、譲渡制限特約付きの債権が譲渡されたことを理由に、取引の更新を拒絶されたり、新規の発注を控えられたりするという事実上の不利益を受けるリスクも懸念されている。このような問題については、新法の趣旨をふまえた商慣行が形成されるような取組みが別途必要であると指摘されているところである[15]。

(2) 預貯金債権の取扱い

　預貯金債権については、譲渡禁止特約を付すことが一般的である[16]。これは、大量の預金債権を迅速円滑に払い戻す必要があるうえに、預貯金債権と貸付債権との相殺の期待を有していることが理由とされる。

　新法は、預貯金債権に付された譲渡制限特約の効力について、特則を設け、譲渡制限特約を悪意または重過失の譲受人に対抗することができるとしている（新466条の5）。これは、預貯金債権について付された譲渡制限特約の効力について、改正前法の内容を維持し、譲渡制限特約付債権の譲渡を無効とすることを可能とするものである[17]。

　したがって、譲渡制限特約付きの預貯金債権が譲渡された場合には、改正前法下の判例の考え方が引き続き妥当することになる。

14　部会資料74A・5頁。
15　現在、規制改革推進会議投資等ワーキング・グループにおいて、譲渡制限特約付債権の譲渡による資金調達の促進が検討対象とされており、今後の動向が注目される。
16　前掲最判昭和48年7月19日は、「銀行を債務者とする各種の預金債権については一般に譲渡禁止の特約が付されて預金証書等にその旨が記載されており、また預金の種類によっては、明示の特約がなくとも、その性質上黙示の特約があるものと解されていることは、広く知られているところであつて、このことは少なくとも銀行取引につき経験のある者にとつては周知の事柄に属するというべきである」としている。
17　部会資料83-2・25頁。

15

異議をとどめない承諾

[最判平成27年6月1日民集69巻4号672頁]
[最判昭和42年10月27日民集21巻8号2161頁]
[最判平成9年11月11日民集51巻10号4077頁]

松尾　博憲

設例①

　A社が、債務者Bに対して有する未完成の工事の請負工事報酬債権を、Cに対して債権譲渡した。Bが異議をとどめず承諾した書面に確定日付を付すことによってCは第三者対抗要件を具備したが、その後、Aの請負工事契約の債務不履行を理由として、Bが請負工事契約を解除する旨の意思表示をした。CがBに対して請負工事代金の支払を請求したときに、Bは、解除を理由として、Cに対する請負工事報酬の支払を拒むことができるか。

設例②

　DがEに対して有する違法賭博に基づく債権をFに対して債権譲渡したが、Fは譲り受けた債権が違法賭博に基づき発生したものとは知らなかった。この場合に、Eが異議をとどめず承諾した書面に確定日付を付すことによって対抗要件を具備したときに、Eは、公序良俗違反による無効を主張して、Fに対する賭博債権の支払を拒むことができるか。

1　改正前法における解決

⑴　異議をとどめない承諾による抗弁の切断

　改正前法では、債務者が異議をとどめないで承諾をしたときは、譲渡人に対抗することができた事由があっても、これをもって譲受人に対抗すること

ができないとされている（改正前法468条1項）。この承諾は、債権譲渡の対抗要件としての承諾であるから、債権が譲渡された事実を認識した旨の通知（観念の通知であるとされる）であれば足り、意思表示であることを要しないとされる。

　判例（最判平成27年6月1日民集69巻4号672頁）は、異議をとどめない承諾の制度趣旨について、「譲受人の利益を保護し、一般債権取引の安全を保障することにある」としている。そのうえで、譲受人がその事由の存在を知らなかったとしても、このことに過失がある場合には、譲受人の利益を保護しなければならない必要性は低く、実質的にみても、債務者の単なる承諾のみによって、譲渡人に対抗することができた事由をもって譲受人に対抗することができなくなるという重大な効果を生じさせるものであることからすると、譲受人が通常の注意を払えば上記事由の存在を知りえたという場合にまで上記効果を生じさせるというのは、両当事者間の均衡を欠くとして、「債務者が異議をとどめないで指名債権譲渡の承諾をした場合において、譲渡人に対抗することができた事由の存在を譲受人が知らなかったとしても、このことについて譲受人に過失があるときには、債務者は、当該事由をもって譲受人に対抗することができると解するのが相当」であると判示している。

　このように、判例は、異議をとどめない承諾によって抗弁の切断の効果が生ずるための要件として、譲受人が善意無過失でなければならないとしている。

　学説上は、異議をとどめない承諾の制度趣旨についての理解と関連して、譲受人の主観要件について、①善意であれば足りるという考え方[1]、②善意であればよいが重過失がある場合には保護されないという考え方[2]、③善意無過失であることを要するという考え方[3]が主張されていたが、③の考え方が有力であった。

1　池田真朗『債権譲渡の研究〔増補2版〕』（弘文堂、2004年）383頁。
2　淡路剛久『債権総論』（有斐閣、2002年）464頁。

⑵ 「対抗することができた事由」の意義

　異議をとどめない承諾によって切断される「対抗することができた事由」には、債権の帰属は含まれないが、弁済や相殺による債権の消滅や債権の発生原因である契約の無効などが含まれる[4]。契約がすでに解除されていた場合に、債務者が異議をとどめない承諾をすると、債務者が契約の解除を主張することができなくなることは明らかであるが、設例①のように、双務契約に基づき発生した債権が譲渡された場合において、異議をとどめない承諾後に反対債務の不履行があったときに、この不履行を理由とする契約の解除を譲受人に対抗することができるか否かは条文上明確でない。この点について、判例は、設例①のような事案において、債権譲渡前に反対債務が発生していたのであれば、譲渡時に解除権が発生していなくても、契約解除を生ずるに至るべき事由が存在していたとして、この事由が「対抗することができた事由」に含まれるとする。もっとも、債務者が異議をとどめない承諾をしても、譲渡された債権が未完成仕事部分に関する請負報酬債権であることを譲受人が知っていた場合には、悪意の譲受人が異議をとどめない承諾によって保護されないことを理由として、債務者は、解除を対抗することができるとした（最判昭和42年10月27日民集21巻8号2161頁）（以下「昭和42年最判」という）。

　学説には、この判例の立場を支持する見解が有力であるが[5]、異議をとどめない承諾の時点で債務者が主張することができた抗弁のみが切断されるのであり、その時点で譲渡人の債務不履行がないのであれば、抗弁が切断されるのはおかしいとして、債務者は、異議をとどめない承諾後の反対債務の不履行による解除について、譲受人の主観を問わず、譲受人に対抗することが

3　中田裕康『債権総論〔第3版〕』（岩波書店、2013年）541頁、内田貴『民法Ⅲ〔第3版〕』（東京大学出版会、2005年）238頁。

4　西村信雄編集『注釈民法⑾』（有斐閣、1965年）392頁〔明石三郎〕。

5　中田・前掲注3・542頁。

できるとする見解もある[6]。

(3) 設例①の解決

設例①については、債権譲渡前に反対債務が発生しており、契約解除を生ずるに至るべき事由が存在しているから、「対抗することができた事由」に含まれることになるが、譲受人Cが、譲渡債権が未完成の仕事部分に関する請負報酬債権であることを知っていると考えられるため、異議をとどめない承諾によって保護されず、債務者Bは、解除を対抗することができることとなる。

(4) 公序良俗違反に基づく契約無効と異議をとどめない承諾

前記のとおり、「対抗することができた事由」に契約の無効が含まれるとすると、公序良俗違反によって契約が無効となる場合であっても、異議をとどめない承諾をした場合には、債務者は、契約の無効を譲受人に主張することができないようにも思われる。

この問題について、判例（最判平成9年11月11日民集51巻10号4077頁）（以下「平成9年最判」という）は、賭博の負け金7000万円の支払を目的とする債権が譲渡され、債務者が異議をとどめずに承諾をしたという事案において、「賭博行為は公の秩序及び善良の風俗に反すること甚だしく、賭博債権が直接的にせよ間接的にせよ満足を受けることを禁止すべきことは法の強い要請であって、この要請は、債務者の異議なき承諾による抗弁喪失の制度の基礎にある債権譲受人の利益保護の要請を上回るものと解される」として、債務者が、異議をとどめない承諾をしたとしても、債務者に信義則に反する行為があるなどの特段の事情のない限り、債務者は、譲受人に対して公序良俗違反による無効を主張してその履行を拒むことができるとした。

平成9年最判は、賭博債権の譲渡について、公序良俗違反による契約無効の抗弁が異議をとどめない承諾によって切断されないとした理由として、前

---

6 潮見佳男『債権総論Ⅱ〔第3版〕』（信山社、2005年）643頁。

記のとおり、賭博債権が満足を受けることを禁止することに対する法の要請が、債権譲受人の利益保護の要請を上回るという点をあげているように、両者の要請を比較考量して結論を導いており、公序良俗違反による契約無効の抗弁であるとしても、一律に抗弁が切断されないとはしていない。

平成9年最判の射程については、公序良俗違反に基づく契約無効であっても、不法性の低いものであれば、異議をとどめない承諾によって、抗弁切断の効力が生ずるとするものがある[7]。また、債務者に信義則に反する行為があるなどの特段の事情の例としては、債務者が異議をとどめない承諾をして譲受人を安心させ、譲渡人が譲渡の対価を受領した後に行方をくらまし、債務者は後に公序良俗違反の抗弁を主張して譲受人に損害を与えようとしたような事案のように、債務者が積極的に譲受人をだますような行為をした場合が該当しうるとされている[8]。

(5) 設例②の解決

設例②については、債務者Eに信義則に反する行為があるなどの特段の事情のない限り、債務者Eは、譲受人Fに対して公序良俗違反による無効を主張してその履行を拒むことができる。

2 新法のもとでの抗弁の切断

(1) 異議をとどめない承諾の廃止

異議をとどめない承諾の制度については、単に債権が譲渡された事実を認識した旨を債務者が通知しただけで抗弁の喪失という債務者にとって予期しない効果が生ずるため、債務者の保護の観点から妥当でないとの批判があった。

そのため、新法では、改正前法468条1項を削除し、異議をとどめない承諾の制度を廃止することとしている。そのうえで、債務者が抗弁を放棄する

7　中田・前掲注3・542頁。
8　『最高裁判所判例解説民事篇平成9年度（下）』1358頁〔野山宏〕。

旨の意思表示をした場合に、抗弁が放棄されることとしている[9]。新法のもとで、この点について規定が設けられていないのは、債務者が自らの意思に基づいて抗弁を放棄することができるのは改正前法のもとでも可能であって、新たに規定を設ける必要はないという理解に基づくものである[10]。

(2) 譲受人の主観的要件

改正前法のもとでは、異議をとどめない承諾は、債務者の単なる債権譲渡があったという事実の認識の表明のみによって、譲渡人に対抗することができた事由をもって譲受人に対抗することができなくなるという重大な効果を生じさせるものであるため、債権譲渡の取引安全の保護と債務者保護とのバランスを図る観点から、譲受人の主観的要件として、譲受人の善意無過失が必要であるとされていたものである。

しかし、新法のもとでは、債務者の自らの意思に基づかない限り、抗弁が切断されることはなく、債務者の保護については、抗弁を放棄する旨の意思表示の解釈や、錯誤・詐欺の意思表示の規定によって図ることが可能であると考えられる。また、債務者が自らの意思に基づいて抗弁を放棄している場合には、譲受人がその抗弁の存在を知っていたとしても、債務者を保護する必要性は乏しい。

したがって、新法のもとでは、譲受人が抗弁の存在について悪意であっても、債務者は、抗弁を対抗することができなくなるものと解される[11]。

3 新法における解決

(1) 設 例 ①

① 譲受人の主観

9　部会資料74A・11頁。
10　部会資料37・49頁。
11　第192回国会衆議院法務委員会小川民事局長答弁（同会議録14号27頁（平成28年12月7日））。

15　異議をとどめない承諾　91

改正前法のもとでは、昭和42年最判を前提とすると、異議をとどめない承諾後に反対債務の不履行があったときに、この不履行を理由とする契約の解除を譲受人に対抗することの可否については、譲渡された債権が未履行の反対債務に係るものであることを譲受人が知っていた場合には、債務者は、解除による債権の消滅を譲受人に対抗することができることになる。譲受人が、反対債務が未履行であるか否かを知らないことは通常想定されず、承諾後の反対債務の債務不履行に基づく解除による債権の消滅については、異議をとどめない承諾の制度によって譲受人が保護されることは基本的になかったといえる。

　もっとも、前記のとおり、新法のもとでは、抗弁の切断の要件として、譲受人の主観は問われないこととなる。したがって、設例②において、譲渡債権が未完成仕事部分に関する請負報酬債権であることを譲受人Cが知っていることは、抗弁の切断の可否に影響しないこととなる。

② 抗弁放棄の意思表示による抗弁切断の可否

　新法のもとにおいては、抗弁の切断の根拠が債務者の意思表示に求められることからすると、意思表示の時点で解除権が具体的に発生していない場合であっても、債務者が真にその解除権を放棄する意思を有しているのであれば、その後、債務者は、譲受人に対してその解除権を対抗することができなくなると考えられる[12]。このような抗弁放棄の意思表示として、「債務者が現在有し、今後有することになるいっさいの抗弁権を放棄します」というものが想定される。このような抗弁放棄の意思表示の有効性については、新法の立案過程でも議論の対象となったところであるが、放棄の対象となっている抗弁は特定されているといえるので、このような意思表示が一律に無効であるということは困難である。もっとも、債務者にとっては、意思表示の時点で具体的にその存在を認識していない抗弁も対抗することができなくなる

12　潮見佳男『新債権総論Ⅱ』（信山社、2017年）453頁。

という重大な効果を生ずることとなるため、当該意思表示が債務者の真意に基づくものであるか否かについて、債務者にそのような意思表示をする動機の有無等をふまえて、慎重に吟味されなければならないと考えられる。

なお、債務者が抗弁を放棄する旨の意思表示をすることは、新法によって可能となったものではなく、改正前法のもとでも可能である。そのため、改正前法の判例を前提としても、承諾後の反対債務の債務不履行に基づく解除による債権の消滅についても、債務者が抗弁を放棄する旨の意思表示をしたときは、債務者は、債権の消滅を譲受人に対して主張することができないと考えられる[13]。

③　結　　論

新法のもとでは、債務者Ｂが、真意に基づいて抗弁権を放棄する旨の意思表示をした場合には、譲受人Ｃに対して、解除による債権の消滅を対抗することができないこととなると考えられる。

⑵　設 例 ②

新法のもとにおける設例②の解決においては、公序良俗違反の抗弁を放棄する旨の意思表示の有効性が問題になる。

抗弁を放棄する旨の意思表示という法律行為とは、債務者に対抗することができる事由があるとしても、これを主張せず、かかる事由の存在にかかわらず譲受人に全額を支払うという意思表示であると理解すれば、放棄の対象となった抗弁が公序良俗違反であったとしても、そのことによって、直ちに、放棄の意思表示自体が公序良俗違反となるわけではない。もっとも、法律行為が公序良俗に違反するか否かの判断にあたっては、法律行為が行われた過程その他の諸事情が考慮されると考えられているため[14]、対象となっている抗弁の内容（譲渡された債権を発生させた契約の内容）などに応じて、個別にその有効性が判断されることになると考えられる。違法賭博によって生

13　稲葉譲「将来債権譲渡と債務者の抗弁切断」金法1805号21頁。

14　部会資料73Ａ・24頁。

じた債権であれば、反社会的勢力への資金源となることを防止する必要性等から、その満足を防止することへの社会的必要性が高いといえるため[15]、設例②における債務者の抗弁放棄の意思表示は、公序良俗違反として無効となると考えられる。なお、改正前法の判例のもとでは、債務者に信義則に反する行為があるなどの特段の事情があるときには、例外的に、異議をとどめない承諾によって譲受人が保護される余地があるとされていたが、新法のもとでは、このような事情を含めて、公序良俗違反の有無が判断されることになると考えられる。

15　前掲注7。

16

併存的債務引受の効果（連帯債務）

［最判昭和41年12月20日民集20巻10号2139頁］

松尾　博憲

設 例

　株式会社であるＡは、フィリピンの鉄鉱石を輸入することになり、代表取締役の一人であったＢが鉄鉱石の買付け等を担当した。しかし、ＢはＡのもう一人の代表取締役であるＣと不和となったため、Ａが鉄鉱石の買付交渉に必要な資金を支出しなかった。そこで、Ｂはその資金として、Ａの代表取締役として、ＤおよびＥからそれぞれ３回ずつ、金銭の貸付（以下「本件貸付」という）を受けた。

　しかし、本件貸付が行われている間に、Ｂは、Ｃとの確執が原因で、Ａの代表取締役から解任され、その旨の登記がされていた。

　その後、Ａは解散したが、ＤおよびＥは、Ａに対して、本件貸付に係る債務（以下「本件貸付債務」という）の返済を請求するとともに、Ａの清算人が債務の存在すら承認しなかったので、Ａの清算事務の一部を担当していたＣとの間で併存的債務引受の合意をした。

　ＤおよびＥは、ＡおよびＣに対して、本件貸付債務の履行を求める訴えを提起したが、Ｃは、Ａの債務は、履行期から商事消滅時効期間である５年が経過しているので、その負担部分の範囲内でＣも債務を免れるため、Ｃは本件貸付債務の履行をする責任を負わない旨の主張をした。これに対して、ＤおよびＥは、Ｃによる併存的債務引受によって、Ｃに対する債務は時効が完成していない旨を主張した。

　Ｃの主張は認められるか。

1 改正前法における解決

(1) 併存的債務引受

　改正前法においては、債務引受が可能であることを前提とする規定は置かれていたが（改正前法398条の7第2項）、債務引受の要件・効果を定める規定は設けられていなかった。もっとも、判例は、引受人が元の債務者とともに同一内容の債務を負担する併存的債務引受と、引受人が元の債務者にかわって債務者が負担していた債務と同一内容の債務を負担する免責的債務引受が可能であるとしている。

　併存的債務引受は、①債権者と引受人との間の合意か、②債務者と引受人との合意に加えて、債権者による受益の意思表示によってすることができるとされる。②による併存的債務引受は、第三者のためにする契約であると解されている。

　併存的債務引受の成立によって引受人が負担する債務と債務者が負担する債務との関係について、判例（大判昭和10年8月10日新聞3882号17頁、大判昭和11年4月15日民集15巻781頁）は、連帯債務となるとしていた。

　もっとも、学説は、併存的債務引受によって連帯債務関係が生ずるという判例の考え方に対して、批判的な見解が有力であった。併存的債務引受により債務者と引受人が負担する債務が連帯債務になるとすると、①改正前法においては、絶対的効力事由が広く認められるため、併存的債務引受によって債務を負う者の数が増加することについての債権者の期待に反する結果になるとする批判があり、また、②債務者の立場からも、他の債務者に対する履行の請求に絶対的効力が認められていることによって時効の中断が生ずることや（改正前法434条）、他の連帯債務者による相殺の援用が可能とされていること（同436条）によって、債務者にとっても、他の連帯債務者が増えることによる不利益があることを指摘するものである。

　このような立場からは、併存的債務引受によって引受人が負担する債務と

債務者が負担する債務は、原則として不真正連帯債務の関係となるという見解[1]が主張されていたが、近時では、原債務者と引受人との間に主観的共同関係がある場合には連帯債務となるが、そうでない場合には不真正連帯債務となるという見解[2]が主張されているほか、主観的共同関係以外の他の要素（債権者の認識・意図など）をもあわせて、連帯債務となるか不真正連帯債務となるかを決すべきであるとする見解[3]が主張されている。

　判例（最判昭和41年12月20日民集20巻10号2139頁）（以下「昭和41年最判」という）は、設例のような事案において、「重畳的債務引受がなされた場合には、反対に解すべき特段の事情のないかぎり、原債務者と引受人との関係について連帯債務関係が生ずるものと解するのを相当とする」として、原則として連帯債務になるとしながら、一定の留保を付している。どのような場合に連帯債務関係が生じない特段の事情が認められるかという点は明らかではないが、少なくとも、上記の学説のような考え方を採用していないものであると理解されている[4]。

　そのうえで、昭和41年最判は、設例のような事情をふまえると、連帯債務関係が生じない特段の事情があるとは解されないとして、引受人が負担する債務と債務者が負担する債務との間には連帯債務関係が成立するとした。

(2) 設例の解決

　したがって、設例については、Aの本件貸付債務とCが併存的債務引受で負担した債務が連帯債務の関係となり、連帯債務者の一人のために時効が完成した時は、その連帯債務者の負担部分について、他の連帯債務者も義務を免れるので（改正前法439条）、Aの負担部分について債務を免れるというCの主張は認められる。

1　我妻榮『新訂債権総論』（岩波書店、1964年）577頁。
2　奥田昌道『債権総論〔増補版〕』（悠々社、1992年）478頁。
3　中田裕康『債権総論〔第3版〕』（岩波書店、2013年）579頁。
4　『最高裁判所判例解説民事篇昭和41年度』543頁〔安倍正三〕。

2 新法のもとでの併存的債務引受

(1) 併存的債務引受

新法は、併存的債務引受と免責的債務引受の類型ごとに債務引受の要件・効果についての規定を新設している。

併存的債務引受の要件については、改正前法における一般的な考え方を明文化し、①債権者と引受人との間の合意か、②債務者と引受人との合意に加えて、債権者による受益の意思表示によってすることができるとしている（新470条2項・3項）。

効果については、引受人が、債務者と連帯して、債務者が債権者に対して負担する債務と同一の内容の債務を負担する（新470条1項）。これは、新法437条のように、併存的債務引受の性質上当然に適用されないものを除き、連帯債務の規定に従うことを表す趣旨である[5]。

(2) 連帯債務

また、新法では、連帯債務者の一人について生じた事由の効力について、大幅な改正がされている。具体的には、以下のとおりである。

① 改正前法は、相殺について、連帯債務者が、他の連帯債務者が債権者に対して有する債権による相殺を自己の負担部分について援用することができるとしていたが（改正前法436条2項）、新法は、連帯債務者は、他の連帯債務者が債権者に対して相殺を援用することができる場合には、債務の履行を拒むことができるにとどめることとした（新439条2項）。

② 改正前法は連帯債務者の一人に対する履行の請求を絶対的効力事由としていたが（改正前法434条）、新法は履行の請求を相対的効力事由とした。

③ 改正前法は、連帯債務者の一人について時効が完成した場合には、その連帯債務者の負担部分について、他の連帯債務者も義務を免れるとしてい

---

5 部会資料67Ａ・32頁。

たが（改正前法439条）、新法は、時効の完成を相対的効力事由としている。また、連帯債務者の一人のために時効が完成した場合においても、他の連帯債務者は、時効が完成した連帯債務者に対して求償権を行使することができるとされている（新445条）。

④ 免除についても、時効の完成と同様に、改正前法では、免除された連帯債務者の負担部分について、他の連帯債務者に効力を生ずるとされていたが（改正前法437条）、新法は、これを相対的効力事由としている。また、連帯債務者の一人のために免除された場合においても、他の連帯債務者は、免除された連帯債務者に対して求償権を行使することができるとされている（新445条）。

(3) 小　　括

したがって、併存的債務引受によって連帯債務関係が成立するといっても、新法では、絶対的効力事由が限定されていて、改正前法とは実質的な法律関係に違いがあるということに留意する必要がある。

併存的債務引受によって連帯債務関係が成立することについての学説の批判については、①新法においては、時効の完成や免除が相対的効力事由として改められたため、併存的債務引受がされることによって、債務を負う者の数が増加することについての債権者の期待に反する結果とはならないと考えられるし、また、②債務者の立場からも、他の債務者に対する履行の請求が相対的効力事由とされており、連帯債務者は他の連帯債務者の相殺を援用することができないとされたこと（新439条2項）によって、債務者にとって、他の連帯債務者が増えることによる不利益があるとは言いがたい。

したがって、新法の規律については、併存的債務引受によって連帯債務関係が成立することについての学説の批判は妥当しないと考えられる。

3 新法における解決

(1) 結 論

　以上をふまえると、新法のもとでは、昭和41年最判は、維持されないと考えるべきである。昭和41年最判は、原則として連帯債務になるとしながらも、反対に解すべき事情があれば、結論が異なる余地があると留保していたが、上記のとおり、新法のもとにおける連帯債務関係であれば、債務者、債権者および引受人にとって、意に反する不利益が生ずることは考えがたいからである。

　したがって、新法においては、新470条１項によって、併存的債務引受によって常に連帯債務関係が生ずることになると考えられる。

　設例については、Ａの本件貸付債務について消滅時効が完成しても、時効の完成が相対的効力事由とされているため、Ｃは、これを理由として債務を免れることはできない。もっとも、Ｃは債務を履行すれば、Ａに対して求償することができる（新445条）。

(2) 新法における不真正連帯債務の位置づけ

　ところで、改正前法において併存的債務引受によって連帯債務関係が成立する場面を限定する学説は、連帯債務関係が成立しない場合には、不真正連帯債務の関係が生ずるとしてきた。

　不真正連帯債務は、①弁済のように債権を満足させる事由以外については相対的効力しかないとし、かつ、②求償関係を当然の前提とせず、主観的共同関係がない以上、求償関係は生じないという点で、連帯債務との違いがあるとされる。不真正連帯債務が成立する場合としては、債務引受のうち主観的共同関係がない場合のほか、共同不法行為（719条）における共同不法行為者の損害賠償債務や、被用者による不法行為によって使用者が使用者責任（715条）を負う場合における使用者の損害賠償債務と被用者の損害賠償債務などがあげられている。

新法のもとで不真正連帯債務という概念がなお維持されるのかという点が問題となる。このうち、①については、新法のもとでは、弁済、相殺、更改および混同のように債権を満足させる事由のみが絶対的効力事由とされているが、②については、不真正連帯債務という概念のもとでの考え方を維持する意味があるといえる。しかし、共同不法行為の場合についても、加害者間での求償を認めるべきであるという見解も有力であるように、求償関係が制限される類型を不真正連帯債務という概念で把握することは困難であると考えられるため、事案に応じて、信義則等を根拠として、債務者間の求償を制限するというアプローチが妥当であると考えられる。

17

弁済（担保保存義務免除特約）

［最判平成 7 年 6 月23日民集49巻 6 号1737頁］

松尾　博憲

設 例

　BがAに対して負担する貸金債務を主たる債務としてCが連帯保証しており、CはBに対する求償権を担保するために、Bの実姉であるDの保有する甲不動産に根抵当権を設定した。この根抵当権の設定契約には、改正前法504条に規定する債権者の担保保存義務を免除する旨の特約（以下「担保保存義務免除特約」という）が付されていた。

　Cはその後、Bに対して追加で融資をし、この融資に係る債権を担保するために、甲不動産に設定した根抵当権の共同抵当として、Bが所有する乙不動産に根抵当権（以下「本件追加担保権」という）を設定した。

　Cは、Bの死亡後にDから追加融資分について全額の弁済を受けたので、本件追加担保権を放棄した。

　Bの子であるEは、Cによる本件追加担保権の放棄後、甲不動産を取得したが、Cに対して、改正前法504条による免責の効果を主張して、根抵当権設定登記の抹消登記手続を請求した。Eの請求は認められるか。

1　改正前法における解決

(1)　改正前法504条と担保保存義務免除特約

　弁済をするについて正当な利益を有する者が、債務者のために弁済をしたときは、債権者に当然に代位することができる（改正前法500条）。この代位をすることができる者の期待を保護する観点から、同504条は、「第500条の

102

規定により代位をすることができる者がある場合において、債権者が故意又は過失によってその担保を喪失し、又は減少させたときは、その代位をすることができる者は、その喪失又は減少によって償還を受けることができなくなった限度において、その責任を免れる」とする。すなわち、債権者は、故意等によって担保の喪失等をしてはならないことになるため、担保保存義務を負っているといわれる。また、「故意又は過失」については、法定代位の対象となる担保の喪失または減少についての故意・過失を意味すると解されている。そして、改正前法504条が適用されると、保証人は保証債務の一部を免れることになり、物上保証人や第三取得者は、担保についての責任の全部または一部を免れることになる[1]。

「債権者が」「その担保を喪失し、又は減少させたとき」とは、抵当権を放棄した場合や保証債務を免除した場合がこれに当たる。この点について、金融実務では、たとえば、抵当権を放棄すると同時に別の不動産に新たな抵当権を設定すること（担保の差替え）や、抵当権設定者が担保対象の不動産の評価額相当額を弁済することを条件として当該抵当権を解除することがある。これらの行為については、直ちに免責の効力が生じないとする解釈論[2]が示されているが、形式的には改正前法504条の要件を充足していると考えられる。そのため、金融機関は、保証契約や担保契約中に、以下の内容の担保保存義務免除特約を設けることが一般的である[3]。

保証人は、貴行がその都合によって担保もしくは他の保証を変更、解除しても免責を主張しません。

---

1 中田裕康『債権総論〔第3版〕』（岩波書店、2013年）374頁。
2 我妻榮『新訂債権総論』（岩波書店、1964年）267頁、中田・前掲注1・375頁、山野目章夫「担保保存義務における類型別義務範囲の考察」金法1416号7頁。
3 全国銀行協会連合会法規小委員会編「新銀行取引約定書ひな型の解説」189頁。

17　弁済（担保保存義務免除特約）　103

改正前法504条は強行規定でないため、担保保存義務免除特約は原則として有効であると解されてきたが（大判昭和12年5月15日新聞4133号16頁）、金融機関に一方的に有利な規定であるとして批判もある[4]。判例（最判平成7年6月23日民集49巻6号1737頁）（以下「平成7年最判」という）は、設例のような事案において、担保保存義務免除特約の効力について、「被上告人が本件追加担保を放棄したことは、金融取引上の通念から見て合理性を有し、本件不動産を担保として提供したX及びその相続人らの本件追加担保への正当な代位の期待を奪うものとはいえないから、他に特段の事情のあることの主張立証のない本件においては、被上告人がXの相続人らに対し本件特約の効力を主張することは、信義則に反するものではなく、また、権利の濫用に当たるものでもないというべきであり、したがって、右放棄によっては民法504条による免責の効果は生じなかったというべきである」として、担保保存義務免除特約の効力を主張することができない場合があることを明らかにした。

この平成7年最判の判示部分の理解について、「金融取引上の通念から見て合理性を有」することと、保証人や物上保証人の「正当な代位の期待を奪うものとはいえない」ことは、並列されているようにみえるものの、同じことを債権者の立場からと保証人等の立場から、それぞれ表現したものであるとの見解が示されている[5]。この見解によれば、金融取引上の通念からみて合理性を有するか否かは、保証人等の正当な代位の期待を奪うといえるか否かという観点から判断されることになると考えられる。

担保保存義務免除特約の効力に関して判断した最高裁判決としては、ほか

---

[4]　たとえば、平野裕之『プラクティスシリーズ債権総論』（信山社、2005年）99頁は、消費者である保証人との間の担保保存義務免除特約は、消費者契約法10条に反して無効であるとする。もっとも、担保の差替えや保証人の交替のように担保や保証の解除が合理的なものについて、契約の相手方が消費者であるという一事をもって、担保保存義務免除特約をすべからく無効とする必要はないように思われる。

[5]　『最高裁判所判例解説民事篇平成7年度（下）』617頁〔近藤崇晴〕。

に最判平成2年4月12日金法1255号6頁（以下「平成2年最判」という）がある。これは、担保の差替えをした債権者が、差替えの対象となった担保の目的物に十分な担保価値であると思っていたが、実際には差替え後の担保の目的物はきわめて価値が低かったために、担保保存義務免除特約の効力が争われた事案であった。この平成2年最判も、担保保存義務免除特約の効力を主張することが信義則違反又は権利濫用に当たりうるとしたうえで、結論として、この事案では、債権者に故意又は重過失がなく、信義則違反等に当たる特段の事情もないとしたが、その判断に際して、現地見分、情報収集、付近の類似地点の価格調査等を行っていたという債権者側の行為態様が重要であり、担保評価の結論、その後の担保実行時の売却価格、売却の有無といった結果を重視すべきでないと判断したものと分析されている[6]。なお、この平成2年最判と平成7年最判の関係については、平成7年最判によって平成2年最判が意義を失ったわけではなく、平成7年最判のもとでも、担保の喪失等について金融取引上の通念からみて合理性があるとはいえなくても、合理性が欠けていることについて債権者に故意または重過失がなければ信義則違反に当たらないという考え方は否定されていないと解されている[7]。

(2) 担保保存義務免除特約と第三者

担保保存義務免除特約は、債権者と保証人や物上保証人との間の債権的な合意である。そのため、担保保存義務免除特約を締結した物上保証人がいた場合に、債権者がその他の担保を放棄し、当該担保保存免除特約の効力によって免責されなかったときに、その後、物上保証人から担保の対象となっていた不動産を譲り受けた第三者に対しても、担保保存義務免除特約によって免責されない効力が承継されるかという点は、自明ではない。

この点については、その前提として、担保保存義務免除特約がない場合に、債権者が故意または過失によって担保を喪失等することによって免責の

---

6 塚原朋一「金融判例研究報告会」金法1264号25頁。
7 近藤・前掲注5・617頁、道垣内弘人「判批」ジュリスト1091号59頁。

17 弁済（担保保存義務免除特約） 105

効力が生じた後で、担保が設定されていた不動産を第三者に譲渡したとき
に、不動産の譲受人も免責の効力を主張することができるかという問題があ
る。判例（最判平成3年9月3日民集45巻7号1121頁）（以下「平成3年最判」と
いう）は、「民法504条は、債権者が担保保存義務に違反した場合に法定代位
権者の責任が減少することを規定するものであるところ、抵当不動産の第三
取得者は、債権者に対し、同人が抵当権をもって把握した右不動産の交換価
値の限度において責任を負担するものにすぎないから、債権者が故意又は懈
怠により担保を喪失又は減少したときは、同条の規定により、右担保の喪失
又は減少によって償還を受けることができなくなった金額の限度において抵
当不動産によって負担すべき右責任の全部又は一部は当然に消滅するもので
ある。そして、その後更に右不動産が第三者に譲渡された場合においても、
右責任消滅の効果は影響を受けるものではない」として、不動産の譲受人も
免責の効力を主張することができるとした。

　そして、担保保存義務免除特約がある場合における特約の効力について、
平成7年最判は、まず、平成3年最判の内容に言及したうえで、「債権者と
物上保証人との間に本件特約のような担保保存義務免除の特約があるため、
債権者が担保を喪失し、又は減少させた時に、右特約の効力により民法504
条による免責の効果が生じなかった場合は、担保物件の第三取得者への譲渡
によって改めて免責の効果が生ずることはないから、第三取得者は、免責の
効果が生じていない状態の担保の負担がある物件を取得したことになり、債
権者に対し、民法504条による免責の効果を主張することはできないと解す
るのが相当である」と判示している。

　この平成7年最判の理論構成については、平成3年最判が改正前法504条
による免責の効果が第三者に当然に承継されることを明らかにしたという理
解を前提として、担保保存義務免除特約は、免責の効果をあらかじめ放棄す
るものであり、特約の効力の主張が許される場合には、免責の効果が当然に
生じなかったという法律状態を当然に承継することになるとするものである

と解されている[8]。

(3) 設例の解決

平成7年最判は、設例のような事案において、①乙不動産についての本件追加担保権設定時にほぼその担保価値に見合う金額が追加融資として貸し付けられたこと、②追加融資分の弁済は、乙不動産の売却代金によってされたこと、③本件追加担保権の放棄に際し、Cは、Bに対してDの相続人らの了解を得ることを求めたが、Bが、その時間的余裕がないので直ちに放棄をするよう強く要請し、かつ、Dの相続人らには異議の申立てをさせない旨の念書を差し入れたので、Bの物件売却に協力する趣旨でこれに応じたことを認定して、担保保存義務免除特約の効力を主張することは信義則に反しないとした。

そして、上記のような事情があることを前提として、担保保存義務免除特約によって免責が生じないということになると、その法律状態を甲不動産の譲受人であるEは承継するので、Eの根抵当権設定登記の抹消登記手続請求は認められないことになる。

2 新法のもとでの担保保存義務および担保保存義務免除特約

(1) 担保保存義務の効力

新法では、債権者が故意または過失によって担保を滅失等した場合であっても、「債権者が担保を喪失し、又は減少させたことについて取引上の社会通念に照らして合理的な理由があると認められるときは」免責の効力が生じないこととされた（新504条2項）。これは、債務者から担保の差替えや一部解除の要請がしばしば行われるが、担保の差替えや一部解除は、少なくとも形式的には同条が定める担保の喪失または減少に該当するため、この要請が合理的なものであったとしても、債権者としては、法定代位者全員の個別の

8　近藤・前掲注5・622頁。

同意を得ない限り、債務者からの要請に応ずることができず、時宜に応じた円滑な取引を行うことができないという問題があり、改正前法504条の規定内容は合理的ではないという指摘をふまえて改正されたものである。この要件の判断について、平成7年最判と同様に、金融取引上の通念からみて合理性を有するか否かによって決せられることになることを前提としており、担保保存義務免除特約の有効性に関するこれまでの判例の判断枠組みが参照されることを意図するものとされている。そして、代位することができる者が免責されないこととなる事例として具体的に想定されるのは、①担保目的物を売却したうえで、当該売却代金で債務の一部を弁済するために、担保を解除する場合や、②担保を解除するかわりに、同等の価値を有するものを新たに担保として差し入れる場合などであるとされる[9]。

さらに、「その代位権者が物上保証人である場合において、その代位権者から担保の目的となっている財産を譲り受けた第三者及びその特定承継人についても」免責の効力が及ぶこととされた（新504条1項後段）。これは、平成3年最判を明文化するものである[10]。

(2) 担保保存義務免除特約の位置づけ

新法において担保保存義務免除特約の効力については明文の規定は設けられていないので、解釈に委ねられることになる。もっとも、前記のとおり、担保の喪失等について、合理的な理由があると認められるときに免責の効力が生じないこととするのであれば、新法のもとでは、担保保存義務免除特約の必要性は改正前法ほどには高くない。

しかし、設例のように、物上保証人や第三取得者から新504条による免責を主張された事案において、債権者がこれを争うためには、①担保保存義務免除特約がない場合には、債権者は、新504条2項の要件を充足していることを主張立証しなければならなくなるのに対して、②担保保存義務免除特約

9　部会資料70Ａ・47頁。
10　部会資料70Ａ・48頁。

がある場合には、債権者は、担保保存義務免除特約があることだけを主張立証すればよいということになると考えられる[11]。したがって、新法のもとでも、債権者にとって、担保保存義務免除特約を締結することはなお有用であるといえるだろう。他方で、担保目的物の第三取得者や後順位抵当権者等の担保保存義務免除特約を締結することが困難な者との間では、新504条2項の規定が適用されることになるので、改正前法下よりも安定的に担保の差替え等を行うことが可能となると考えられる。

また、担保保存義務免除特約の効力に関する平成7年最判は、新法のもとでも引き続き維持されることになると考えられる。

3 新法における解決

新法のもとでも、上記のとおり、担保保存義務免除特約の効力およびその限界について、平成7年最判が維持されることからすると、設例については改正前法と結論を同じくすることになると考えられる。

---

11 部会資料70A・48頁。

18 相　殺

[最判平成25年2月28日民集67巻2号343頁（設例①）]
[最判昭和56年7月2日民集35巻5号881頁（設例②）]

松尾　博憲

設例①

　AがBに対して弁済期を平成21年4月1日とする元本100万円の債権（以下「甲債権」という）を有していた。BがAに対して弁済期を平成32年3月1日とする元本150万円の債権（以下「乙債権」という）を有していたときに、Aが平成31年8月1日に甲債権を自働債権とし、乙債権を受働債権とする相殺の意思表示をした。これに対して、Bは、相殺の意思表示の時点で甲債権の時効期間が満了していたとして、同年9月1日に消滅時効を援用する旨の意思表示をしたうえで、時効期間の満了時に甲債権と乙債権は相殺適状になかったため、Aによる相殺は民法508条の要件を充足しておらず、相殺は無効であると主張した。Aは、乙債権の弁済期が到来していなかったとしても、いつでも期限の利益を放棄することができる状態にあった以上、相殺適状にあったとして、同条に基づき相殺をすることができると主張した。Aは、相殺をすることができるか。

設例②

　CがDに対して、弁済期を平成30年4月1日とする元本100万円の債権（以下「丙債権」という）を有していた。DはCに対して、弁済期を平成30年6月1日とする元本50万円の債権（以下「丁債権」という）と弁済期を平成30年8月1日とする元本100万円の債権（以下「戊債権」という）を有していた。Cが平成30年7月1日に、丙債権と丁債権および戊債権を対当額で相殺する旨の意思表示をしたが、CとDとの間に相殺の充当順序についての合意がなかった場合には、どのような順序で充当されることになるか。

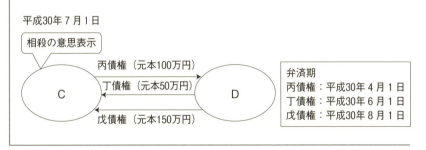

1　改正前法における解決

(1)　相殺適状と508条の要件

① 　508条の趣旨

　508条は、時効によって消滅した債権についても、消滅以前に相殺に適するようになっていた場合（相殺適状にある場合）に、当該債権を自働債権とする相殺が可能であるとする。これは、相殺適状にある債権債務はすでに清算されているという当事者の期待を保護する必要があるという趣旨に基づくものである。

② 　相殺適状の要件

相殺適状にある場合とは、(a)対立する債権が存在すること、(b)同種の目的を有すること、(c)債務の性質が相殺を許さないものでないこと、(d)双方の債務について弁済期が到来していることのすべての要件を充足している状態をいう（505条1項）。

　このうち、(d)双方の債務について弁済期が到来していることについては、受働債権の弁済期が到来していなくても、受働債権の債務者が期限の利益を放棄することができる場合には（136条2項参照）、債務者が期限の利益を放棄して相殺をすることができる。そして、判例（大判昭和7年4月20日新報292号14頁）は、受働債権の債務者が、その弁済期が到来していない場合に相殺の意思表示をすれば、通常、期限の利益の放棄の意思表示を含むとしており、明示的に期限の利益の放棄の意思表示をしなくても、相殺をすることができるとしている。

　そのため、受働債権について期限の定めがある場合には、期限の利益の放棄または喪失がなくても、自働債権の弁済期が到来していれば、(d)の要件を充足しているといえるかという点が問題となる。

③　508条の「消滅以前」の意義

　また、消滅時効の効力発生時期について、改正前法167条は、「債権は、10年間行使しないときは、消滅する」としているものの、同145条が、「時効は、当事者が援用しなければ、裁判所がこれによって裁判をすることができない」ともしており、その関係が不明確であるところ、判例（最判昭和61年3月17日民集40巻2号420頁）は、時効期間の経過とともに確定的に生ずるものではなく、時効援用の意思表示によって効果が確定的に発生するという考え方（不確定効果説のうち停止条件説）を採用している。そのため、508条は、「消滅以前に」相殺適状にあることを要するとするが、これが、消滅時効の時効期間経過と時効の援用の意思表示のいずれを基準とする意味なのかも不明確である。

④　最判平成25年2月28日民集67巻2号343頁

以上の問題について、判例（最判平成25年2月28日民集67巻2号343頁）は、「民法505条1項は、相殺適状につき、『双方の債務が弁済期にあるとき』と規定しているのであるから、その文理に照らせば、自働債権のみならず受働債権についても、弁済期が現実に到来していることが相殺の要件とされていると解される。また、受働債権の債務者がいつでも期限の利益を放棄することができることを理由に両債権が相殺適状にあると解することは、上記債務者が既に享受した期限の利益を自ら遡及的に消滅させることとなって、相当でない。したがって、既に弁済期にある自働債権と弁済期の定めのある受働債権とが相殺適状にあるというためには、受働債権につき、期限の利益を放棄することができるというだけではなく、期限の利益の放棄又は喪失等により、その弁済期が現実に到来していることを要するというべきである」と判示した。そして、そのうえで、「当事者の相殺に対する期待を保護するという民法508条の趣旨に照らせば、同条が適用されるためには、消滅時効が援用された自働債権はその消滅時効期間が経過する以前に受働債権と相殺適状にあったことを要すると解される」としている。

　すなわち、判例は、相殺適状にあるといえるためには、受働債権について、期限の利益の放棄または喪失等によって、弁済期が現実に到来していなければならないとしており、かつ、508条が適用されるためには、自働債権について消滅時効期間が経過する以前に、相殺適状にあったことを要するとしている。

⑤　設例①の解決

　そして、この判例によれば、設例①については、消滅時効期間が経過した時点で、まだ相殺適状ではなかったことになるので、Aは相殺をすることができないことになる。

⑵　相殺の充当

① 　改正前法512条の内容

　改正前法512条は、相殺をした場合における充当について、弁済の充当の

規定（改正前法488条〜491条）を準用するとしている。しかし、相殺には遡及効があり、相殺適状時にさかのぼって債権が消滅することとなるため（506条2項）、自働債権または受働債権として複数の債権がある場合には、まず自働債権と受働債権の相殺の順序が確定しないと、各債権に係る利息・遅延損害金の金額が定まらない。そのため、改正前法491条を準用する前提として、複数の元本債権相互間の相殺の順序をどのように決するかが問題となる。

　この点について、判例（最判昭和56年7月2日民集35巻5号881頁）（以下「昭和56年最判」という）は、「自働債権又は受働債権として数個の元本債権があり、相殺の意思表示をした者もその相手方も右数個の元本債権につき相殺の順序の指定をしなかつた場合における元本債権相互間の相殺の順序については、民法512条、489条の規定の趣旨に則り、元本債権が相殺に供しうる状態となるにいたつた時期の順に従うべく、その時期を同じくする複数の元本債権相互間及び元本債権と利息・費用債権との間で充当の問題を生じたときは右489条、491条の規定を準用して充当を行うのが相当である」としている。このように、判例は、相殺適状となった順で相殺の順序が決せられるとしているが、このような考え方がとられたのは、相殺制度の趣旨が、相対立する債権が差引計算されるという当事者の期待を保護し、当事者間の衡平を図る点にあることからすると、相殺適状が生じた順序に従って相殺をすることが、当事者の期待に合致し、衡平の理念にもかなうことを根拠とするとされる[1]。

② 設例②の解決

　上記(1)のとおり、相殺適状とは双方の債務の弁済期が到来していることが必要であるから、設例②については、まず、丙債権と丁債権が対当額で相殺され、その残額と戊債権が対当額で相殺されることになる。

1　『最高裁判所判例解説民事篇昭和56年度』428頁〔加茂紀久男〕。

2　新法のもとでの相殺制度

(1)　相殺適状の要件

相殺適状の要件については、改正前法の内容が維持されている。

新法の立案過程においては、相殺適状の要件について、自働債権の弁済期が到来していれば足りるとして改めることの当否が検討された[2]。これは、相殺の効力発生時期について、相殺の意思表示時に改めるという改正案[3]とあわせて提案されていたものであるが、相殺適状時に債権債務が消滅するという当事者の期待を保護すべきであるとの意見が強かったことなどが考慮され、相殺の遡及効とともに相殺適状の要件も改正前法の内容が維持されることとなった。

(2)　508条の要件

508条についても、改正前法の内容が維持されている。

508条については、①相殺の意思表示前に債務者が時効を援用していた場合であっても、相殺することができるとされている点、②508条により相殺することができるとされるのは、時効期間の満了前に相殺適状にあった場合に限られている点で、その内容に問題があるとの指摘があり、立案過程においては、時効援用の意思表示と相殺の意思表示の先後によって、相殺の可否を決するという案が検討された[4]。

しかし、これに対しては、互いに相殺に供しうる債権を保有する両当事者は、それぞれ、これまで必要がなかった時効中断措置をとる必要が生じ、債権管理に係るコストが増大することになるが、そのようなコストを生じさせてまで508条を改正する必要性がないという意見や、相殺の意思表示を行っ

2　部会資料37・63頁。
3　部会資料37・69頁。
4　法務省民事局参事官室「民法（債権関係）の改正に関する中間試案の補足説明」304頁（2013年4月）。

18　相　殺　115

たことを示す書類を長期間保管せざるをえなくなることから、債権管理実務に不必要な負担をもたらすという意見など、実務的な不都合が生ずることを指摘する意見があったため、改正は見送られた[5]。

(3) 相殺の充当（新512条、新512条の2）

新512条および新512条の2は、改正前法のもとにおける相殺の充当に関する規律を明確化する観点から、改正されたものである。まず、新512条1項は、昭和56年最判を明文化し、複数の自働債権または受働債権の間の相殺については、相殺適状となった順に相殺することとしている。

これによって相殺の順序が決まった場合における相殺の充当については、新488条4項（法定充当）および新489条の弁済の充当の規定が準用される。新512条2項1号は、新488条4項1号を準用していないが、これは、相殺する際には、相殺適状となっていることが前提なので、弁済期にない債務は存在しないことになるからであると考えられる。また、新488条1項～3項を準用していないのは、相殺適状時に債権が消滅したという期待を保護するために相殺に遡及効が認められていることからすると、一方の当事者が指定充当をすることができることとして、他方当事者の相殺の期待を一方的に奪うことが適当でないと考えられたからである。

3 新法における解決

(1) 設例①について

新法では、相殺適状の要件および508条について改正前法の内容が維持されているので、設例①については、改正前法下の判例（前掲最判平成25年2月28日）がそのまま妥当し、新法のもとにおいても、Aは相殺をすることができないことになると考えられる。

5　部会資料69A・34頁。

(2) 設例②について

新512条は、改正前法下の昭和56年最判を明文化したものであるので、設例②についても、改正前法下と同じく、まず、丙債権と丁債権が対当額で相殺され、その残額と戊債権が対当額で相殺されることになる。

(3) 残された解釈問題（設例②関係）

ところで、設例②は、あくまでも当事者間に相殺の順序に関する合意がないことが前提であり、当事者間に合意があればそれに従って、相殺の順序が決せられることになる[6]。それでは、設例②において、このような合意がないにもかかわらず、Aが丙債権と戊債権を先に相殺する旨の意思表示をすることができるか。

昭和56年最判は、「自働債権又は受働債権として数個の元本債権があり、相殺の意思表示をした者もその相手方も右数個の元本債権につき相殺の順序の指定をしなかつた場合における元本債権相互間の相殺の順序については」という前提のもとでの判断であり、この点について直接判断していない。新法においても、この点は特段の態度決定がされていないため、解釈に委ねられている問題である。

この点に関する改正前法下の議論として、すでに相殺適状に達している両債権の一方について、後に弁済期が来るために相殺適状が後に生ずる別の債権との相殺をしても効力を生じず、相手方はさらに先に相殺適状に達していた債権債務で相殺をすることで、それ以前に、相殺適状を生じた時に債権が消滅したことを主張することができるとする見解がある[7]。相殺の遡及効の根拠を、債権債務が消滅したことについての当事者間の期待の保護という点に求めるのであれば、当事者の一方の指定によって、その期待を一方的に奪

6　銀行取引約定書では、相殺をする者が、相殺の対象となる債権を選択することができると定められるのが通常である（天野佳洋監修『銀行取引約定書の解釈と実務』〔経済法令研究会、2014年〕207頁）。

7　我妻榮『新訂債権総論』（岩波書店、1964年）347頁。

うことができるというのは適当でないと考えれば、Aは丙債権と戊債権を相殺することはできないということになる。

　他方、本件の設例②とは反対に、自働債権として数個の債権があり、受働債権が自働債権の全額を消滅させるに足りない場合に、相殺権者が自働債権を選択することができるかという問題もある。この点については、相殺が相殺権者の権利であるということを理由として、相殺権者に自働債権を選択する権利があるとする見解がかつては有力であった。しかし、この見解に対しては、債務者に第一次的な選択権を与えている弁済の充当の規律との整合性を欠くという指摘や、相殺によって債権債務が消滅することについての当事者間の期待を一方的に奪うことになるとの指摘があり、これらの指摘をする立場からは、相殺権者が自働債権を指定することができるが、相手方が直ちに異議を述べた場合には、法定充当の規定が準用されるという見解が主張されていた[8]。

　いずれの問題についても、相殺によって債権債務が消滅することへの当事者の期待が法的保護に値するかという問題であるが、新法の立案過程においては、相殺によって債権債務が消滅することへの当事者の期待の保護が強く主張されており、これを根拠として指定充当の規定が準用されなかったという経緯があったことをふまえて、慎重な議論が必要であると考えられる。

8　味村治「相殺充当の諸問題」金法575号7頁以下。

19

約款の拘束力

［大判大正 4 年12月24日民録21輯2182頁］

松尾　博憲

設 例

　外国会社である損害保険会社のＡが提供する火災保険に加入したＢは、森林火災の延焼で家屋を焼失したため、Ａに対して保険金の支払を請求した。Ｂは火災保険契約に締結する際に、Ａの保険約款を承認し申込みをする旨が記載された申込書に調印した。Ａの保険約款には、「樹木の火災又は森林の延焼によって起きた損害」について会社は責任を負わない旨の条項（以下「本件免責条項」という）があったため、Ａは保険金の支払を拒絶した。本件免責条項は、日本の保険会社の保険約款には含まれていないものであったとして、Ｂは、本件免責条項には拘束されないと主張した。Ｂの主張は認められるか。

1　改正前法における解決

(1)　約款の拘束力

　現代の取引においては、約款を利用した取引が広く行われているが、改正前法には約款に関する規定は設けられていない。

　約款を利用した契約の特徴としては、取引の相手方が、約款の内容を理解しないままに、契約を締結することが多いという点にある。約款を利用した取引の安定を保護する必要があることから、当事者が約款の内容を理解していなくても、一定の要件のもとでこれに拘束されると考えられているが、その根拠や具体的な要件については、多岐にわたる学説が主張されている[1]。

19　約款の拘束力　119

判例（大判大正4年12月24日民録21輯2182頁）は、設例のような事案におい
て、当事者が約款に拘束される要件について、「火災保険契約当事者ノ一方
タル保険者カ我国ニ於テ営業スル以上ハ其内国会社ナルト外国会社ナルトヲ
問ハス苟モ当事者双方カ特ニ普通保険約款ニ依ラサル旨ノ意思ヲ表示セスシ
テ契約シタルトキハ反証ナキ限リ其約款ニ依ルノ意思ヲ以テ契約シタルモノ
ト推定スヘク」「本件事実ノ如ク我国ニ於テ火災保険事業ヲ営メル外国会社
ニ対シ其会社ノ普通保険約款ニ依ル旨ヲ記載セル申込書ニ保険契約者カ任意
調印シテ申込ヲ為シ以テ火災保険契約ヲ為シタル場合ニ於テハ仮令契約ノ当
時其約款ノ内容ヲ知悉セサリシトキト雖モ一応之ニ依ルノ意思ヲ以テ契約シ
タルモノト推定スルヲ当然トス」と判示し、本件免責条項と同内容の条項の
拘束力を肯定した。この判例の立場は、約款により契約をする当事者の意思
を約款の拘束力の根拠とし、反証がない限り、その意思が存在するものと推
定するものであり、意思推定説と呼ばれている。

　これに対しては、相手方が内容を理解する機会すら与えられていないの
に、約款による意思を推定することはできないとする批判があるほか、反証
を許すことで、約款が契約内容とならないことを認めるのであれば、約款を
利用した取引の安定を図ることができないとする批判もある。

⑵　内容規制

　上記のとおり、約款を利用した契約の当事者がその内容を理解していなく
ても、約款に拘束されることが認められているが、約款中に不当な内容の条
項が含まれている場合には、その条項の拘束力をめぐって争われることがあ
る。

　約款中の条項の拘束力を否定するための法律構成としては、当該条項につ
いて合意が成立していないとするものがある。たとえば、自動車保険約款に
おける若年運転者制限特約条項の効力が争われた札幌地判昭和54年3月30日

1　学説の状況については、河上正二『約款規制の法理』（有斐閣、1988年）46頁以下が
　詳しい。

判時941号111頁や、警備請負契約約款中の賠償額の予定条項の効力が争われた山口地判昭和62年5月21日判時1256号86頁があげられる。もっとも、約款中の条項のうち、一部についてのみ合意が成立していないとする構成については、その他の部分について内容を理解していなくてもこれに拘束されるとすることとの違いの説明が困難であるという難点がある。

また、裁判例のなかには、不当な内容の条項について、その拘束力を認めつつも、条項の解釈によってその内容を修正するというアプローチをとるものもある（最判昭和62年2月20日民集41巻1号159頁、東京地判昭和47年6月30日判時678号26頁等）。

(3) 不意打ち条項規制

約款中の条項について、相手方にとって合理的に予測できないような内容の条項は、契約内容にならないとする考え方がある（不意打ち条項規制）。約款の拘束力の根拠を、その約款を契約内容とする旨の当事者間の合意（組入合意）に求める立場に立てば、不意打ち条項については、その条項には組入合意が及んでいないと考えられる。そこで、約款の拘束力を当事者の合意に求めることの帰結として、不意打ち条項については、その内容の不当性の有無を問わず契約内容にならないとする考え方である。不意打ち条項として規制されうるものの例としては、ある商品の売買契約において、その商品とは関係のない商品の購入を義務づけるような抱き合わせ条項があげられる。

裁判例においても、前掲札幌地判昭和54年3月30日のように、約款中の条項の拘束力の有無の判断において、当事者の認識の程度が考慮されることがある。

(4) 設例の解決

設例では、Bは、保険約款を承認し申込みをする旨が記載された申込書に調印しているため、当該保険約款による意思をもって契約を締結する意思があったものと推定されることになるため、この推定を覆さない限り、本件免責条項によって、Bの保険金支払請求は拒絶されることになると考えられ

る。

2 新法の定型約款に関する規律

(1) 定型約款の定義

新法は、「定型約款」を対象として、契約の成立要件に関する特則や契約内容を約款準備者が一方的に変更することができる旨の根拠規定を設けている。

この「定型約款」とは、①ある特定の者が不特定多数の者を相手方として行う取引であって、②その内容の全部または一部が画一的であることがその双方にとって合理的なものを「定型取引」と定義したうえで、この定型取引において、③契約の内容とすることを目的としてその特定の者により準備された条項の総体であると定義されている（新548条の2第1項）。

この「定型約款」は、従来、約款と考えられてきたものよりも対象が狭いことを前提としている点に留意する必要がある。たとえば、製品の原材料の供給契約等のような事業者間取引においてのみ用いられる契約書のひな形は、定型約款に該当しないという理解を前提として立案されている[2]。事業者間取引においては、取引内容が画一的であることが両当事者（特に取引の相手方）にとって合理的とまではいえず、結果として画一的になっているとすれば、それは当事者間の交渉力格差の現れであるといえるからである。

(2) 組入要件と不当条項規制

新法は、定型約款中の条項が契約内容となるための要件について、当事者が、定型取引を行う旨の合意をしたうえで、①定型約款を契約の内容とする旨の合意をしたとき、または②定型約款を準備した者があらかじめその定型約款を契約の内容とする旨を相手方に表示していたときに、定型約款中の条項について、合意があったものとみなすこととしている（新548条の2第1

2　部会資料83-2・38頁。

項)。

　他方、取引の相手方保護の観点から、相手方の権利を制限し、または相手方の義務を加重する条項であって、その定型取引の態様およびその実情ならびに取引上の社会通念に照らして信義則に反して相手方の利益を一方的に害すると認められるものについては、合意をしなかったものとみなすという不当条項規制が新設されている（新548条の2第2項）。改正前法のもとでの内容規制の枠組みが条文上明確であるとは言いがたかった点について、明文の規定を設けて不当性を理由に個別の条項の効力を争う余地がある旨や、その際の判断枠組みを示すものである。

　また、新548条の2第2項において「定型取引の態様」を考慮事由として明記しているのは、いわゆる不意打ち条項規制の趣旨を取り込むものとして位置づけられている。すなわち、定型取引においては、画一性が高い取引であることなどから、相手方である顧客においても約款の具体的な内容を認識しようとまではしないのが通常であり、このような特質に鑑みれば、相手方である顧客にとって客観的にみて予測しがたい条項が置かれている場合において、その条項が相手方に多大な不利益を課すものであるときは、相手方においてその内容を知りうる措置を定型約款準備者が講じておかない限り、そのような条項は不意打ち的なものとして信義則に反することとなる蓋然性が高いということを考慮しようとするものである[3]。

3　新法における解決

(1)　設例の解決

　新法のもとで、設例については、新548条の2第1項1号による組入要件を充足するため、保険約款中の条項について合意があったものとみなされることになると考えられる。

3　部会資料83－2・40頁。

19　約款の拘束力　123

そのうえで、Bは、本件免責条項の効力について、新548条の2第2項に基づいて争うことになる。その際には、「日本の保険会社の保険約款には含まれていないものであった」という事情についても、契約締結時における説明状況等をふまえて、Bに認識可能性があったかという観点から考慮されることになると考えられる。

(2) 定型約款に該当しない「約款」

ところで、前述のとおり、従来「約款」と呼ばれてきたもののなかには、「定型約款」に含まれないものも存在する。製品の原材料の供給契約のひな形のようなもののほかにも、たとえば、銀行取引約定書については、従来、約款であるといわれてきたが、交渉によって内容を変更することがあるという実情を前提とすれば[4]、新法における「定型約款」には該当しないと考えられる[5]。

新法のもとでも、このようなタイプの約款について、改正前法のもとにおける約款に関する判例・学説の考え方を参照して、一般的な契約に関する理論とは別の理論の適用を解釈論として模索することは否定されていない。

したがって、定型約款には該当しない「約款」について、内容を理解していないということを理由としてその内容に拘束されない旨の主張があっても、現状、取引実務において適切と考えられているような契約締結のプロセスを経ている限り[6]、基本的にそのような主張は認められるべきではないと考えられるが、そのような考え方の対象となりうる「約款」の範囲について、これまで必ずしも精緻な議論がされてきたわけではなく、認識が共有されているとは言いがたい。そのため契約の成立に関する民法の一般原則とは

4 　井上聡「定型約款に関する立法提案」金法2014号5頁、浅田隆「定型約款（その2）―銀行取引を中心に―」債権法研究会編『詳説　改正債権法』（金融財政事情研究会、2017年）404頁。

5 　第192回国会衆議院法務委員会小川民事局長答弁（同会議録15号19頁（平成28年12月9日））。

6 　もっとも、どのような要件を満たす必要があるのかについては、明確な判例もなく、確立した見解が存在する状況にはなかったと考えられる。

異なる考え方によって取引の安全の保護を図る必要があるといえるか否かを
個別具体的に検討することが必要となるだろう。

20 履行拒絶の効果

［大判大正15年11月25日民集 5 巻763頁］

山野目　章夫

設 例

　地方公共団体であるＡは、建設業者であるＢとの間において、 2 月 3 日、その街の中心を流れる川の河川地域に堤防を建設する工事をＡがＢに対し注文し、Ｂがする仕事に対しＡが報酬を支払う旨の契約を締結した。注文された工事は、その河川地域の上流の第一工区と下流の第二工区についてのものである。この請負契約においては、あわせて、二つの工区の工事を同じ年の 8 月 3 日までに完成させることが約された。

❶　その年の 4 月 3 日、Ｂは、Ａに対し、堤防の建設のために用いる資材の入手が困難であり、注文された工事のうち第一工区の工事しかすることができない旨を告げた。Ａは、この請負契約を解除することができるか。また、Ａは、Ｂに対し損害の賠償を請求することができるか。

❷　その年の 5 月 3 日頃、建設資材の市場の状況から、その堤防の建設のために用いる資材の入手が困難である見通しとなり、Ａが注文した工事の全部をすることができない情勢となった。Ａは、債務不履行を理由として、この請負契約を解除することができるか。また、Ａは、Ｂに対し損害の賠償を請求することができるか。

❸　その年の 6 月 3 日、Ｂは、Ａに対し、堤防の建設のために用いる資材の入手が困難であり、注文された工事の全部をすることができない旨を告げた。Ａは、この請負契約を解除することができるか。また、Ａは、Ｂに対し損害の賠償を請求することができるか。

❹　その年の 8 月 3 日が経過し、Ｂが建設した堤防の状況をＡが検査した

ところ、注文された工事のうち第二工区の工事について堤防の高さが足りないことが判明した。Aは、高さが足りない工区について補充の工事を10月3日までにするべきことをBに対し求めた。これに対し、Bは、9月3日、補充の工事のために用いる資材の入手が困難であり、この補充の工事の全部をすることができない旨を告げた。Aは、この請負契約を解除することができるか。また、Aは、Bに対し損害の賠償を請求することができるか。

1 改正前法における解決

　履行がされる見込みがないことが明らかになる場合は、要するに履行不能であり、改正前法のもとで、それが債務者の責めに帰すべき事由による場合は、債権者において契約を解除し、また、塡補賠償の請求をすることができる。この塡補賠償を請求するのに履行期が経過している必要はない。

　これとは異なり、債務者が履行を拒絶する旨を告げた場合においては、履行期の経過を待たなければ債務不履行責任を追及することができないか。

　判例は、債務者が履行期前に履行をしない態度を明瞭にした事案について、「債務者ノ責ニ帰スヘキ事由ニ因リ履行不能ヲ生シタル場合ニ債権者ハ履行期到来ヲ待タスシテ直ニ契約ヲ解除シ得ルコトニ付テハ右第543条ニハ何等制限スル所ナキノミナラス履行期限ノ到来前ニ於テ既ニ業ニ債務者ノ責ニ帰スヘキ事由ニ因リ履行期ニ於テ履行ヲ為スコト能ハサルコトカ明確トナリタルニ拘ラス債権者ハ履行期限到来シタル後ニアラサレハ契約ヲ解除スルコトヲ得スト為スカ如キハ債権者ヲ遇スルニ酷ニ失シ……」とし[1]、履行不能を柔軟に認定し、履行拒絶などを履行不能に準じて扱うものとした。

　妥当な解決であると思われるが、改正前法のもとにおいては、債務者の責

1　大判大正15年11月25日民集5巻763頁。

めに帰すべき事由が要件とされる点で契約解除の要件と塡補賠償のそれとが同じであり、これらのそれぞれに固有の問題を考察するのに適する問題状況ではない。この点を含め、履行拒絶の効果を定める一般的な規定がないことから、この法理それ自体は、もっともであるものの、なお細部が明らかにされることが望まれるところであった。

2 改正の内容

新法は、まず、債務の履行にかわる損害賠償、つまり塡補賠償をすることができる場合として、客観的な履行不能があると認められる「債務の履行が不能であるとき」（新415条2項1号）のみならず、「債務者がその債務の履行を拒絶する意思を明確に表示したとき」を掲げる（同項2号）。

また、契約解除について、催告をしないでする解除、つまり無催告解除をすることができる場合を列挙し、「債務の全部の履行が不能であるとき」（新542条1項1号）のみならず「債務者がその債務の全部の履行を拒絶する意思を明確に表示したとき」を掲げる（同項2号）。また、一部不能や一部の履行拒絶（同項3号）、さらに催告をしても契約目的達成に十分な履行がされる見込みがない、という包括的な事由をも掲げる（同項5号）。

これらの規定に登場する〈履行を拒絶する意思〔の〕表示〉は、その法律要件としての性質は、決して意思表示ではなく、意思の通知であると考えられる。

3 新法のもとでの考え方

新法のもとでは、全部の履行拒絶、一部の履行拒絶、そして追完の履行拒絶の各局面の解決を検討することが要請されるとともに、これらと関連させながら、客観的に履行が不能となった場合の帰結をも比較検討することが有益である。

(1) 塡補賠償

小問❷のほうから検討してみよう。そこでは、履行が不能となったもので
あるから、原則として、Aは、Bに対し塡補賠償として損害の賠償を請求す
ることができる（新415条1項本文・同項1号）が、その不能となったことに
ついて、Bが、契約および取引上の社会通念に照らしBの責めに帰すること
ができない事由を主張立証するときは、Bが損害賠償を免れる（同項ただし
書）。Bが損害を賠償しなければならない場合のAの損害賠償請求権の消滅
時効は、履行不能となった時を客観的起算点として進行する。もっとも、履
行不能となった時にAが不能となったことを確信して知るとは限らない。主
観的起算点からの時効進行は、後れることがありうるし、またそこにこそ主
観的起算点という概念を用意する意義がある。

(2) 契約の解除

また、小問❷においては、Aが契約を解除することもできる（新542条1項
1号）。なお、Aは、工事が終了していない工区の部分については、報酬の
支払を拒むことも考えられる（新536条1項）。

(3) 一部の履行拒絶

これに対し小問❶は、BがAに対し一部の履行をすることができない旨を
告げたものであるから、それによりAが契約の目的を達成することができな
い場合において、Aは、契約を解除することができる（新542条1項3号）。
また、その場合において、Bが免責事由を主張立証することができなけれ
ば、Aは、Bに対し、損害賠償請求権を取得する（新415条2項2号）。

この損害賠償請求権の消滅時効は、特別の事情がない限り、AがBから履
行拒絶を告げられた時に主観的起算点が到来する。客観的起算点も同じ時点
であるが、二つの時点が一致するから、客観的起算点を考えることに意義は
ない。

ただし、履行拒絶により契約目的達成不能が明らかになる時点が履行拒絶
の意思の表示より後の時点になる場合は、その時点が客観的起算点となり、

20 履行拒絶の効果 129

また、そのことを債権者が知った時が主観的起算点となる。

(4) 全部の履行拒絶

同様に小問❸は、全部の履行拒絶であるから、Aは、契約を解除することができ、かつ、Bが免責事由を主張立証することができなければ、Aは、Bに対し、損害賠償請求権を取得する。この損害賠償請求権の消滅時効の考え方は、小問❶についてと異ならない。

(5) 催告された履行の拒絶

新542条1項2号・3号の趣旨に鑑みるならば、新541条の催告期間の経過を待たないで催告不応接の意思を債務者が表示する場合においては、同期間の経過を待たないで債権者が解除の意思表示をすることができるものと解される。したがって小問❹は、10月3日を待たないで、9月3日の段階でAの契約解除の権利が生じ、かつ、新415条1項ただし書の免責事由がBにない限り、Aに損害賠償請求権が発生する。その損害賠償請求権の消滅時効の考え方は、小問❶についてと異ならない。

(6) 追完権との関係

小問❶❸❹のように、本来の全部もしくは一部の履行または追完を拒絶するBは、もはや本来の履行または追完をすることができなくなる。すなわち、Bの拒絶の意思の表示は、追完の機会を放棄しつつ、Aを主観的起算点からの消滅時効の進行開始に追い込むことを意味する。

新しい規定は、債務者の追完権というものについて体系的な規定を置かない。むしろ、催告によらない解除をすることができる事由が新542条1項に整理して列挙されることにより、そこに列挙される諸局面において、債務者の追完の機会が結果として否定される。拒絶の意思の表示は、追完の機会の放棄にほかならない。

なお、追完権の一般的な規律を設けることが控えられたことの影響は、どのように考えられるか。法制審議会の部会においては、第4回会議で論議があった後、中間的な論点整理においては残されたものの、中間試案において

は、追完権の規定の新設が断念された。部会の資料は、この経過を「第4回会議においては、債務者の追完に対する利益を保障する必要性は承認しつつ、信義則等の一般法理による調整に委ねた方が妥当な解決を図ることができるとの意見があった一方、追完権の考え方は取引実務の中から生まれてきた法理であり、訴訟外における紛争解決の場面も念頭に、追完を巡るトラブルを解決する際の基準となり得るとして、追完権の規定の必要性を指摘する意見があった。もっとも、債務者の追完に対する利益を確保すべき場面が認められることについては特段の異論がないと見られ、対立点は、債務者に追完に関するイニシアティブを認める場面を明文で規定するのが相当か、それとも、あえて明文化は避け、個別事案ごとに信義則等による柔軟な解決を図るのが相当かという点にあると考えられる」と要約する[2]。日本の民法は、現在において、そして、今後においても、追完をする権利というものを自体として一般的に是認する規定をもたない、ということを前提として、個別の局面について紛争解決を考えるものである。債務を履行しなかった債務者の利益は、「固有の追完権としてではなく催告解除要件から生じる反射的利益として……保障」することとするかどうか[3]ということに対する一つの解答がここに見出される。

2　部会資料34。
3　森田修「履行請求権かremedy approachか／債権法改正作業の文脈化のために」ジュリ1329号88頁。

21

特定物の売買

[最判平成22年6月1日民集64巻4号953頁]

山野目　章夫

設 例

　Aが所有する甲土地の土壌には、化学物質乙が含まれている。A・B
は、甲土地を目的とする売買契約を締結した。

❶　化学物質乙が健康に有害な物質であるとして法令に基づく規制の対象
　となった後に売買契約が締結された場合において、甲土地の引渡しを受
　けていない買主は、売主に対し、どのような請求をすることができる
　か。

❷　化学物質乙が健康に有害な物質であるとして法令に基づく規制の対象
　となった後に売買契約が締結された場合において、甲土地の引渡しを受
　けた買主は、売主に対し、どのような請求をすることができるか。

❸　売買契約が締結された後に化学物質乙が健康に有害な物質であるとし
　て法令に基づく規制の対象とされた場合において、甲土地の引渡しを受
　けた買主は、売主に対し、どのような請求をすることができるか。

1　改正前法における解決

　改正前法は、特定物の売主に適用される義務の内容に関する規定として、
483条において、引渡しをすべき時の現状において目的物を引き渡さなけれ
ばならないと定めてきた。現状で引き渡すことで足りる、というふうに、こ
の規定の意味を受け止めるならば、小問❶は、有害物質を含むままで引き渡
せばよいものであり、BがAに対し、引渡し前に修補（化学物質を除去する

工事）などを請求することはできないということになる。ただし、そのような意味を同条に読み込むことがよいかは、なお検討を要する（本書「2　錯誤法と債務不履行法との交錯」を参照）。

　小問❷は、売主の瑕疵担保責任が問われる。この責任が認められるということになるならば、Bは、Aに対し損害の賠償を請求することができるし、契約の目的を達することができない場合は、契約を解除することができる。570条が指示する解決である。同条が修補の義務などを定めていないところから、契約の解釈において売主の義務について別異の理解をすべき特段の事情がない限り、Bが修補の請求をすることはできないという理解が支配的であった。

　これと同じように小問❸を考えることを妨げる事情は、売買契約の締結の当時は化学物質乙が有害とはされていなかったことである。判例は、まず原則論として、「売買契約の当事者間において目的物がどのような品質・性能を有することが予定されていたかについては、売買契約締結当時の取引観念をしんしゃくして判断すべき」であるとする[1]。もっとも、「売買契約の当事者間において……土地が備えるべき属性として……売買契約締結当時に有害性が認識されていたか否かにかかわらず、人の健康に係る被害を生ずるおそれのある一切の物質が含まれていないことが、特に予定されていたとみるべき事情」が存するときは、別論であるということも指摘される。この考え方を前提とするならば、A・B間において甲土地が人の健康に係る被害を生ずるおそれのある物質がまったく含まれていないことが予定されていた特段の事情がない限り、瑕疵があったとすることはできず、Aの瑕疵担保責任を問うことはできないということになる。

　このような判例の考え方は、瑕疵担保責任をもって債務不履行責任であるととらえる前提（いわゆる契約責任説）からは、十分に理解可能なものであ

1　最判平成22年6月1日民集64巻4号953頁。

21　特定物の売買　133

る。これに対し、法定責任説においては、必ずしも自明なことではない。言い換えるならば、判例は、改正前の段階ですでに、瑕疵担保責任の性質を債務不履行責任に近づけて考える見方に親しんできていた、とも考えられる。

2　改正の内容

　新しい規律は、「基本的には、契約責任説の立場を採り入れ、売買契約における売主は、特定物であるか不特定物であるかを問わず、契約の内容に適合した目的物を給付する義務を負うことを認め、債務不履行責任の一般原則との関係を整理した」[2]。すなわち、売主の給付が契約の内容に適合しない場合において、買主が追完を請求することを認める（新562条）。追完は、一般的には、目的物の修補、代替物の引渡し、および不足分の引渡しのいずれかの態様をとる。

　売主のした給付が「契約の内容に適合」しているかどうかは、契約に照らして判断される。一応新483条は存在するが、同条は、契約の解釈によっても契約の内容を見定めることができない場合を扱う規定である。どのような性質のものをもって売買目的物とするか、ということは、売買契約において最重要な事項であり、個別の契約の趣旨を探求して、これを明確にすることができないという場合は、考えにくい。

3　新法における解決

　新しい規定においては、たしかに買主の追完請求権が認められているけれども、その要件となる場面は、新562条1項において、「引き渡された目的物」と定められる。そこで、小問❶は、同条を根拠として買主が修補を請求することができるとする解決を導くことはできない[3]。しかし、買主は、一般に履行請求権として、契約の内容に適合する給付を請求することができ

2　磯村保「売買契約法の改正／『担保責任』規定を中心として」LAW AND PRACTICE 10号（早稲田大学大学院法務研究科臨床法学研究会、2016年）68頁。

る。これを根拠として、修補を請求することができることが原則であると考えられる。ただし、修補に過分な費用を要する場合において、履行請求権の限界の問題（新412条の2第1項）として、これができないとされることは、ありうるであろう。そのときに、修補が達せられないために買主が契約の目的を達成することができない場合は、買主において契約を解除することができる（新542条1項3号、また5号）。

これに対し小問❷は、まさに追完請求権の問題（新562条1項）となり、修補を請求することができることが原則である（ただし、この追完請求権は、買主が契約不適合を知った時から1年以内に売主に通知をしないと、行使することができなくなることがある。新566条）。売主が追完をしなければ、買主は、それを催告し、それでも相当期間内に追完がされなければ代金の減額を請求することができる（新563条1項）。追完が過分の費用を要するため不能であると解される場合も代金減額請求をすることができ、この場合は、催告を前置しないでよい（同条2項1号、また4号）。さらに、追完がされないことにより契約目的を達成することができない場合に買主が契約を解除することができることは、小問❶と異ならない。

小問❸は、Ａ・Ｂ間の契約において、契約締結時に有害性が認識されていたか否かにかかわらず、人の健康に係る被害を生ずるおそれのある化学物質が甲土地に含まれていないことが契約の内容となっていたかどうか、を見定めることになる。その意味において、小問❸もさらに個別契約の解釈に依存

3　ここには、特定物売買において、引渡し前に目的物の契約不適合が発見された場合の法律関係が、どのように考えられるか、という問題がある。その段階においても、履行請求権の効力の一つの発現として追完請求権と類似の作用をもつものが考えられないではない。しかし、そこで新566条の期間制限は働かない。この期間制限が、ひとまず買主への引渡しがされているという局面に妥当するということを重視すると、買主が物の引渡しを受けたということが意味を有するものとなる。従来の判例が種類物の売買について考えてきた履行として認容して受領、という概念の発想（最判昭和36年12月15日民集15巻11号2852頁）は、このような意味において、特定物売買の規律においても有用であると感じられる場面がある。

21　特定物の売買　135

して解決が導かれるという様相が濃い。この契約解釈の帰結として化学物質乙が含まれているべきでないと解される事例においては、小問❸も、同❷と同じ解決になる。このような思考操作の参考となる意味においては、改正前の前記判例の解決指針は、なお有用である。

22

種類物の売買

［最判昭和36年12月15日民集15巻11号2852頁］

山野目　章夫

設 例

　西欧のワインの名産地でつくられる酒の銘柄であるブルイヤール・ブランは、発泡性のおいしい白ワインであり、シャンパーニュ地方でつくられたものではないからシャンパンとは呼ばないが、それに近い味のものである。輸入ワインの販売をも手がける事業者Aは、ある日、自宅に大勢の客を招いて宴を催そうとする客Bからブルイヤール・ブラン48本の注文を受けた。しかし、AがBの注文に基づいてBに持参した48本のワインのうち15本は、製造工程の支障から発泡性ではないものであった。

❶　宴が予定されている日の１週間前に届けられた48本のワインのうち１本を試飲したBは、それが発泡性のものでないことに気づいた。

❷　宴の当日に届けに来たAは、手違いから発泡性でないものが含まれているという事情を説明したところ、Bは、まもなく宴が始まるから、それでは困る、と述べた。

❸　同じく宴の当日に届けられたワインについて、Aが、手違いから発泡性でないものが含まれているという事情を説明したところ、Bは、発泡性でなくても白ワインとしておいしいものであるから、ひとまず受け取り、代金などのことは後日に相談したい、と述べた。

1　改正前法における解決

　小問❶は、宴が予定されている日の１週間前に届けられたもののうち１本

を試飲したBが発泡性のものでないことに気づいたというものであるから、少なくともその1本については、本旨に従った履行ではない。そこで、Bは、Aに対し、本旨履行として、その1本の代物の給付を請求することができる。

残る47本については、どのように考えるべきであるか。

真実は47本のうち14本が不適であるとしても、そのことは、少なくともBのほうは知らない。全部を試飲したうえで不適の本数を精確に明らかにせよ、とBに求めることは現実的でなく、また、48本の注文に対し品質が適合する33本を給付することは、そもそも本旨履行であるとすることはできない。したがって、Bは47本の受領を拒んだうえで（拒んでも違法な受領遅滞とはならない）、品質が適切な48本の給付を請求することができると解される。実際上は、試飲した1本のことを機縁として、それを含め15本が不適であるという事態の全体像が明らかになるならば、爾余の不適の14本について（14本についてのみ）取り換えるという解決が簡便であることがあるかもしれないが、それは、あくまでもBとの合意が成立する場合の現実的解決であるということにとどまる。

小問❷も、少なくとも手違いで含まれている発泡性でないものの部分は、本旨に従った履行でない。また、48本の全体についても、基本的には、小問❶と同様、本旨に従った履行とみることはできないと考えられる。BはAに対し本旨履行として、適切な品質の48本の給付を請求することができる。

また、この問題が発覚したのが当日であり、代物の給付が困難であったり、迅速ないし円滑にはされないおそれが大きかったりすることも考えられる。その場合は、損害賠償の問題として解決されざるをえない。

なお、この売買契約の趣旨を定期行為であるとみるための要件を満たす場合には、催告を前置しないで契約を解除し（改正前法542条）、債務不履行の損害賠償責任を問うことができると考えられる（改正前法415条）。

これらの損害賠償は、事業者が品質の問題を知ることができなかった場合

においても、当然に責めに帰すべき事由がないということにはならない。どこまでの事態について事業者が債務不履行責任を負うかが当該個別の契約の内容に即して検討されるべきである、という思考は、改正前法のもとにおいても成立可能であると考えられる。

　小問❸は、前提として、種類物についても瑕疵担保責任が問題となる余地があるとする判例の考え方[1]を適用する際の帰結を確かめておくことが求められる。瑕疵のある種類物を履行として認容して受領したとみられる場合においては、瑕疵担保責任の問題として扱うとする判例法理[2]を前提とするならば、570条の問題となり、具体的には、代金減額の実質をもつ損害などの賠償請求を客が事業者に対してすることができる。もっとも、判例がいう〈履行として認容して受領した〉ということに当たる場合は、実際には、あまり考えにくいのではないか、ということも一般に指摘されている。

　本問事案は、事実として示されている「ひとまず」受け取る、ということの意義が、なかなかに味わいが深い。発泡性でなくても白ワインとしておいしいものであるから受け取ろう、という趣旨であるならば、それ自体として履行として認容して受領したという理解を与えることになるであろう。そうでなく、試飲して味に満足する場合は履行として認容するという趣旨の態度であると理解される場合もありうると考えられる。後者の場合は、直ちに受領それ自体から履行認容の判例の解決を与えることは適当でなく、受渡しがされる際の当事者間の諒解の趣旨を忖度し、どのような解決の見通しが考えられていたかを解釈により明らかにする作業を通じ、事例ごとに妥当な処理を考えるほかない。

　もともと判例が提示する規範に即して考えてみても、認定が求められる主要事実は「履行として認容して受領した」ということであるが、これ自体、抽象度の高い事実であり、しかも、実際上明示の動作としてそれがされる、

1　大判大正14年 3 月13日民集 4 巻217頁。
2　最判昭和36年12月15日民集15巻11号2852頁。

22　種類物の売買　139

ということがあまり考えられないから、当事者間に存する経過を構成するいくつかの間接事実から推認して認定をしていかざるをえない（レストランでするテイスティングは、ほぼセレモニーとなっていますが、現実的な意義を有する場合もありうるかもしれません。これからフランス料理を試しに行くからマナーの助言をしてほしいと友人から請われた際に、テイスティングで不可とは述べないことがマナーであるか、と質され、困ったことがあります）。

2　改正の内容

　買主には、契約を解除する権利（新541条、新542条）や債務不履行の損害賠償請求権（新415条）のほか、追完請求権（新562条）および代金減額請求権（新563条）も認められる。これらの買主の救済手段は、特定物の売買に限って与えられるものではない。種類物の売買であっても、契約不適合責任が適用される。

3　新法における解決

　具体的には、まず小問❶において、BはAに対し、本旨に従って発泡性を備える48本の給付を請求することができる。発泡性でないものが15本ある、という事態の全貌が明らかになる際には、実際上その15本を差し替えることになるであろうし、その経過は、「代替物の引渡し」（新562条1項）であるとみることもできる。

　また、代替物の引渡しが、暇がなく無理な状況にあると小問❷をとらえるならば、そこでBはAに対し代金の減額を請求することになる（新563条2項の1号・3号・4号のいずれか）。また、債務不履行の損害賠償責任を追及することもできる（新564条）。

　小問❸は、BがAに対し代金減額請求をすることができる。追完をすることや、追完がない場合において契約を解除するという解決をとらないことについて、A・B間の意見の一致がみられたとみることもできるであろう。こ

の15本のことを理由としては解除をしないという合意を見て取るならば、B
が解除をすることができないこととなり、また、そうでなくても、Bの解除
権行使が信義に反すると評価されることがありうる。

　では、小問❸において、Bが受け取ったワインが、災害などの不慮の事故
で滅失した、という与件が加わる際は、どのような解決が与えられるか。売
主が契約の内容に適合しない物を引き渡したときに、給付危険の移転が生じ
（もはやAは、代替物を給付する義務を負わない）、また、対価危険の移転も起
こる（Bは、代金減額請求権を行使して減額された代金を支払う義務を負う）と
いうことになるか。この点は、二つの意見が想定される[3]。

　第一の意見によるならば、目的物の支配については引渡しにより売主から
買主に移転することから、引渡しがあった時以後に売主の帰責事由によらな
い目的物の滅失や損傷が生じた場合には、これを理由とする履行の追完請求
などはすることができないとすることが公平の観点から相当であるという考
え方である。この考え方のもとにおける解決は、買主は、引渡し後の損傷を
理由として追完請求をすることができず、また、代金債務を負うが、この代
金債務について契約不適合を理由とする代金減額請求をし、または損害賠償
請求権との相殺をすることができる、というものになる。

　これに対し第二の意見は、契約の内容に適合しない物を引き渡しても給付
危険および対価危険の移転は起こらないと考え、買主は、追完請求をし、ま
た、代金の支払を拒むことができる、という解決を導く。

　種類物売買における危険の移転について、これから論議が深められてよい
一つの問題が、ここに見出される。

3　山野目章夫「民法の債権関係の規定の見直しにおける売買契約の新しい規律の構想」
　　曹時68巻1号15〜16頁において、二つの異なる立場の比較検討を促しておく。

23

売買と品質保証
[大判昭和 8 年 1 月14日民集12巻71号]

松尾　博憲

設 例

　ワインの製造業者であるＡは、優れた品質のワインを製造するために必要なワイン保存用の樽を探していたところ、Ｂが販売しているワイン保存用の樽は、ワインの熟成のために非常によいオークでできた樽であり、一般的な品質の樽よりも優れたものであることを保証するとＢから説明を受けたため、その樽を購入した。しかし、実は、その樽は、ワインの熟成のために優れた品質を有するということはなく、一般的なワイン保存用の樽としての品質しか有しないものであることが判明した。

　Ａは、購入したワイン保存用の樽が約束していた品質を有していなかったことを理由として、売買契約を解除したいと主張した。Ａの主張は認められるか。

1　改正前法における解決

⑴　品質保証の位置づけ

　売買契約において、売主が、買主に対して、一定の品質を有することを保証すること（品質保証）が一般的に行われている[1]。たとえば、製品に欠陥があった場合に売主が無償で修補をする旨の特約がされるが、これは、製品

---

[1]　なお、直接の売主ではない製品のメーカーが、製品の品質について一定期間保証し、無償修理を引き受けることがある。このような売買契約の当事者ではない者による品質保証は、本稿の検討対象外である。

に瑕疵があった場合における買主の救済手段が修補に限定するという点において、民法の瑕疵担保責任の規定の特約とも位置づけうるものであるが、独立の損害担保契約としての機能を有する場合もあるとされる。このような品質保証特約においては、あるべき品質について契約中に規定されることもあるが、明示的に規定されないことも多いようである[2]。

改正前法において、契約中であるべき品質が保証された場合には、その内容をふまえて、瑕疵担保責任における瑕疵の有無が決せられると考えられており、その種の物として通常有すべき品質を有していたとしても、保証された品質を有していないことをもって、瑕疵があると判断されることがある。

たとえば、判例（大判昭和8年1月14日民集12巻71頁）は、特許三益三年式籾摺土臼という特許品の販売に際して、その特色として米500俵を摺り上げることができる性能を有しており、不完全な場合には無料で修理する旨の宣伝広告を行っていたという事案において、「売買ノ目的物ニ或種ノ欠陥アリ之カ為其ノ価額ヲ減スルコト少カラス又ハ其ノ物ノ通常ノ用途若ハ契約上特定シタル用途ニ適セサルコト少ナカラサルトキハコレ所謂目的物ニ瑕疵ノ存スル場合ナリ……而モ瑕疵ナルモノハ以上ノ場合ニ止マラス他無シ夫ノ売買ノ目的物カ或性能ヲ具備スルコトヲ売主ニ於テ特ニ保証（請合フノ義）シタルニ拘ラス之ヲ具備セサル場合即チ是ナリ蓋斯カル物ハ縦令一般ノ標準ヨリスレハ完璧ナルニモセヨ偶々此ノ具体的取引ヨリ之ヲ観ルトキハ是亦一ノ欠陥ヲ帯有スルモノニ外ナラサレハナリ」と判示している。

瑕疵の有無については、取引においてその種類の物として通常有すべき品質・性能の有無を基準とする考え方（客観的瑕疵概念）と、具体的契約内容と関連づけてとらえられるものであり、契約当事者が契約において予定した性質の欠如を基準とする考え方（主観的瑕疵概念）の対立があり、後者の考え方が通説であるとされる。この考え方からは、品質保証がされた場合に、

2　北川善太郎『現代契約法Ⅱ』（商事法務研究会、1976年）132頁。

その内容をふまえて瑕疵の有無が判断されるのは、当然の帰結であると考えられる。

　この品質保証の法的性質については、瑕疵担保責任の特約であるとする考え方もある。もっとも、瑕疵担保責任についての法定責任説を前提とすると、瑕疵担保責任の救済方法として修補請求等が認められておらず、また、改正前法では、「隠れた瑕疵」があったことが、瑕疵担保責任の発生要件とされている。判例は、「隠れた瑕疵」があるといえるためには、買主が善意無過失であることが必要であるとしている（大判大正13年6月23日民集3巻339頁）。したがって、買主が、瑕疵の存在について善意無過失でなければ、売主に対して瑕疵担保責任を追及することはできないが、品質保証に基づく請求にはこのような要件は不要である。

　このように瑕疵担保責任と品質保証には違いがあることからすると、瑕疵担保責任とは別の合意がされていると解すべきであり、不完全な履行がされている場合に完全な履行をする合意（履行担保契約）であるとする見解がある[3]。

(2)　設例の解決

　設例においても、Bが販売したワイン樽の品質について、ワインの熟成のために非常によいオークでできた樽と保証していることからすると、当該樽が一般的なワイン保存用の樽としての品質は有しているとしても、当該樽には「瑕疵」があるといえる。また、ワインの熟成のために優れた品質を有する樽であるということは、優れた品質のワインを製造しようとしていたワイン製造業者のAにとっては非常に重要な点であると考えられる。したがって、Aが当該瑕疵の存在について善意無過失である場合には、引き渡されたワインの樽では、契約をした目的を達することができないとして、契約を解除することができると考えられる（改正前法570条、同566条1項）。

3　北川・前掲注2・210頁。

2　新法のもとでの売主の担保責任

　新法において、売主の担保責任は、売買の目的物が種類、品質または数量に関して契約の目的物に適合しないものであるときに生ずることとされている（新562条〜564条）。

　また、新法は、目的物の品質等が契約の内容に適合しないことについて、買主の主観的要件を不要としている。改正前法において瑕疵が「隠れた」ものであることを要件とされたのは、明白な瑕疵は代金決定の際に織り込まれているはずであるからと説明されているが、当該瑕疵が代金決定にあたって織り込まれているか否かの判断は、その目的物が性状に関して契約の趣旨に適合しているか否かの判断に帰着するので、今般の改正において、いわゆる契約責任説の立場に立って、売主の担保責任の規定を改正するのであれば、瑕疵が隠れているか否かを問題にする意義は乏しいと考えられるからである[4]。

　したがって、売主の担保責任の有無の判断においては、目的物の種類、品質等についての契約内容の確定が重要となる。もちろん、契約における明示的な合意がされていない場合であっても、黙示的な合意の認定や契約解釈によって、種類、品質等が契約の内容に適合していないと判断されれば、売主は担保責任を負うことになる。

3　新法における解決

(1)　新法のもとにおける売主の担保責任と品質保証

　上記のとおり、新法のもとにおいて、売主の担保責任の有無は目的物の種類、品質等についての当事者間の合意によって決せられるが、品質保証がある場合には、目的物がその品質を有することが売買契約の内容となっている

4　部会資料75Ａ・18頁。

と考えられるため、買主は、保証された品質を有しないことを理由として、売主の担保責任を追及することができると考えられる。

したがって、買主であるAは、新541条または新542条の要件を充足する場合には、契約を解除することができる（新564条、新541条、新542条）。

(2) 新法における品質保証と売主の担保責任との関係

もっとも、品質保証の合意がある場合には、買主の救済手段を代替品の給付または修理に限定する旨の特約が付されるのが通常であるため、このような特約があれば、Aは直ちに契約を解除することはできず、代替品の引渡しをまず請求する必要があることになる。

改正前法のもとでは、このような品質保証に関する特約と瑕疵担保責任が矛盾しないため、別の合意であるとの整理が可能であったと考えられるが、新法のもとにおいては、品質保証に関する特約は、売主の担保責任についての救済手段の一つである追完請求権と重複するため、これらの特約の関係が問題となる。この問題は当事者の意思によって決せられるべきものではあるが、通常は、買主の救済手段として追完請求権を優先的に行使することを義務づける趣旨の売主の担保責任についての特則であると解すべきであろう。

売主の担保責任は、買主が不適合を知った時から１年以内にその旨を通知しなければならないという期間制限に服することになるため（新566条）、新法のもとでは、品質保証に基づく売主の責任の期間制限も同様に解される可能性があることに留意して、保証期間の定めを検討することが必要であろう。

24 消費貸借
[最判昭和33年6月6日民集12巻9号1373頁]

山野目　章夫

設 例

　A・Bは、平成33年7月14日、返済の期限を平成35年7月14日と定めて、AがBに対し800万円を貸すことを約し、同月31日、この合意に基づき、AがBに対し800万円を交付した。平成35年7月14日が到来し、同日、Bは、Aに対し、この消費貸借に係る借入金の返済として800万円を支払った。Aは、Bに対し、この貸渡しに係る利息を請求することができるか。利息を請求することができると考えられる場合において、利息は、いつから生ずるか。

1　改正前法における解決

　利息とは何であるか、ということについて、改正前法は、規定を置いていない。

　従来、判例は、「消費貸借における利息は、元本利用の対価であ」るとし、この理解に立脚して、利息の発生時期という現実の問題について、「借主は元本を受け取った日からこれを利用しうるのであるから、特約のないかぎり、消費貸借成立の日から利息を支払うべき義務がある」[1] としてきた。

　「……日から」という表現を用いる際は、注意をしなければならないことがあり、法制執務上は、その日を含まないで翌日から、という意味に理解さ

1　最判昭和33年6月6日民集12巻9号1373頁。

れることを避けるため、「……の日に起算して」というような表現が用いられる。裁判実務は、この点の扱いが異なり、通常、その日を含めて始まる、という意味でこの表現が用いられ、その日を含まない場合は「……日の翌日から」という表現が用いられる。

ここも、「借主は元本を受け取った日からこれを利用しうる」という理由の説示から推すと、当日を含め、当日から利息が発生する趣旨である。そして、消費貸借が要物契約である改正前法のもとでは、判旨にいう「元本を受け取った日」と「消費貸借成立の日」とは同じ日である。

したがって、設例においては、特約がない限り、平成33年7月31日を含め、それから後について利息が生ずる。

2　改正の内容

利息の概念を明らかにする規定は、新法にも設けられない。

利息の発生時期は、これを明示する規律が設けられ、「借主が金銭その他の物を受け取った日以後の利息を請求することができる」（新589条2項）とされる。その趣旨は、判例の趣旨と同じ方向の解決を法文上明らかにするものである。従来の判例は、「借主は元本を受け取った日からこれを利用しうる」という理由が示されていること[2]に鑑みるならば、「消費貸借成立の日」に利息を発生させることに力点があるものではなく、「元本を受け取った日」を含め、その日から利息を発生させる趣旨であると理解される[3]。

この判例の解決は、従来において特段の異論がなく、また、法文上明らかにされることが望ましい。そこで、新しい法文は、この解決を受け継ぐとともに、当日を含むことに疑義のないようにするため、「受け取った日"以"後」という表現を用いる。

「受け取った日」とは、問題となる消費貸借の契約が要物契約として成立

2　前掲最判昭和33年6月6日。
3　山野目章夫「民法の改正（債権関係）（3）」法教447号。

した場合（新587条）は、契約が成立した日であり、また、同契約が諾成契約（新587条の2）として成立した場合は、契約成立以後に金銭が交付された日である。

3　新法のもとにおける問題状況

したがって、設例の解決は、今後も異ならない。

新589条2項は、任意規定であり、従来の判例が「特約のないかぎり」としてきたところも、維持される。したがって、「受け取った日」の翌日以後に利息が発生するとする別段の合意は、有効である。

利息とは何か、ということが規定上明らかになっていないが、従来判例が示してきた概念理解を前提とするならば、元本を利用したことの対価であり、この概念理解を前提とするならば、元本の交付を受けるより前に利息が発生する旨の合意の法律的性質は、検討しておく必要がある。利息と似た構図の問題である賃料については「前払」という観念（新613条1項後段）が認められるから、元本交付前に利息を発生させる思考がまったく背理であると断ずることは慎重でなければならないが、賃料と同列に論じてよいかは、なお考究を要する。

いずれにしても新90条や消費者契約法10条に照らし無効とすべき事情がない限り、その効力は否定されないと考えられる。問われることは、そこで約束されるものを利息と呼ぶか、ということにすぎない。賃貸借においても、たとえば目的建物の賃借人への引渡しが月の半ばになるにもかかわらず、賃料は、その月の分の全部を支払うという合意がされることがあり、その法律的性質を見定めることと本質を同じくする問題である。

24　消費貸借　149

25

使用貸借

[最判昭和42年11月24日民集21巻9号2460頁]

山野目　章夫

設 例

　A・B夫婦には、子としてC・Dがおり、甲土地は、Cが所有している。Cは、期間や使用収益の目的を定めることなく、Dの事業を助けるため、Dに甲土地を無償で貸した。Dは、甲土地に所有する建物をその事業に用いている。その後、A・Bが高齢になったことから、C・Dが協議し、A・Bの扶養をDが中心となってすることとした。それから数年が経ち、C・D間に軋轢が生じ、特段の理由がなくDはA・Bの扶養を放棄し、C・Dが会うこともなくなった。

　Cが、土地の使用貸借を解除することはできるか。

1　改正前法における解決

　改正前法は、期間の満了や、目的として定められた使用収益をするのに足りる期間の経過により使用貸借が当然に終了する場合は、借主が「借用物の返還をしなければならない」（改正前法597条1項）と表現するのに対し、期間を定めていなかった場合において、契約で目的として定められた使用収益をするのに足りる期間が経過したときに貸主の意思表示により使用貸借を終了させることは、貸主が「返還を請求することができる」（同条3項）と定める。

　しかし、設例のような場合を解決する特段の規定は、置いていない。判例には、親族間の使用貸借の事例で当事者が「相互に仇敵のごとく対立する状

態」になり、著しく信頼関係が損なわれた場合について、この解除を是認した例がみられる[1]。この判例は、この種の事態をもって、使用収益をするのに足りる期間が経過したときに準じて扱い、この貸主の意思表示ができることの根拠を改正前法597条2項ただし書の類推解釈に求めていた。

2　改正の内容

使用貸借の終了に関しては、規律の実質的な内容が改められたというよりも、規律表現の改良が図られた。規律の内容に変更はない。

規律表現の変更とは、具体的には、借主が「借用物の返還をしなければならない」場合を使用貸借が「終了する」と表現することとし（新597条）、また、貸主が「返還を請求することができる」と定めるところは、貸主が「契約の解除をすることができる」とする（新598条）。

しかし、設例のような場面に関する規定は、設けられない。

3　新法における解決

したがって、改正後も、上記判例が与えていた解決の考え方に変更はない。その根拠は、法条の異動があったことにより新598条1項の類推解釈となる。

いわゆる継続的契約については、ここで考察の対象とする使用貸借についての法理のほか、賃貸借に関する信頼関係破壊の法理など、当事者間の信頼関係が失われたことによる契約終了の可能性を考える理論が培わされてきた。しかし、それらは、改正においても、明示の規律として導入されていない。

これは、それらの法理の合理性を疑う趣旨ではない。

信頼関係が失われたことにより物の貸借を目的とする契約など継続的な契

1　最判昭和42年11月24日民集21巻9号2460頁。

約を終了させるという解決そのものは、もっともであると考えられる。いざ法制上の規律とする際は、まず、その規律表現のむずかしさということがある。信頼関係、背信性、信義などの言葉を生硬に用いることは、法制に親しまないと考えられる。くわえて、ある規定を法律に設けることは、常に反対解釈を誘発する契機をもたらす。賃貸借についてのみ信頼関係破壊法理を明言する規定を置くと、それは、有償契約に固有の規律であるという理解を招くおそれがあり、使用貸借には適用がないものではないか、という疑念を呼ぶ。さらに、信頼関係の存続を手がかりとして契約の消長を考える発想が、そもそもどの範囲で妥当するものか、その点について学説理解のコンセンサスが細部において形成されているか、問題視しなければならない部分もある[2]。賃貸借や使用貸借でないものに眼を広げると、委任や雇用は継続的契約であるが、どのように考えるべきであるか。また、賃貸借それ自体については、動産の賃貸借や、一時使用目的の賃貸借など借地借家法の適用が否定され、または制限される場合もまったく同じに考えてよいか、など細かく考えると、問題が尽きない。

これらの点について、確信のある法意識が形成されていない状況において、特定の局面についてのみ信頼関係破壊の法理に相当する法文を置くことは、問題が多すぎる。

なんら規定が置かれないことになったことにより、設例の解決は、法文により直接に与えられることはなく、これまでどおり判例が形成してきた考え方を吟味しながら個別の事例における解決を探すことになる。

---

2 部会第55回会議の議事を参照。

26

賃貸人である地位の留保

[最判平成11年3月25日判時1674号61頁]

山野目　章夫

設 例

　甲建物は、Aが所有する。A・Bは、甲建物をAがBに対し賃貸する旨の契約を締結し、この賃貸借契約に基づき、AがBに対し甲建物を引き渡した。この際、Bは、Aに対し契約で定められた敷金を差し入れた。その後、Aは、甲建物をCに売り渡した。A・C間の売買契約においては、Bとの間の賃貸借契約における賃貸人である地位をAに留保する旨の特約がされた。この後、期間の満了により賃貸借契約が終了する場合において、Bは、だれに対し敷金の返還を請求することができるか。

1　改正前法における解決

　不動産の賃借権が対抗要件を具備している場合において、目的不動産が譲渡されたときには、特段の事情がない限り、賃貸人である地位は、当然に不動産の譲受人に移転する[1]。そして、賃貸借契約に基づいて敷金が差し入れられていた場合において、不動産の譲渡に際し従前の賃貸人に対する関係において存在していた債務に敷金を充ててなお残額が存するときには、その残額の分の敷金は、賃貸借契約の終了に際し、新しい賃貸人に対し返還を請求することができる[2]。この限りにおいて、敷金の返還債務は、新しい賃貸人に承継される。

1　最判昭和46年4月23日民集25巻3号388頁。
2　最判昭和44年7月17日民集23巻8号1610頁。

では、設例のように賃貸人である地位を留保していた場合は、どのように考えられるか。目的不動産の譲渡とともに当然に生ずるとされる賃貸人である地位の当然の移転という原則に対し、特段の事情があるものとして例外が認められるものであろうか。

　判例は、「新旧所有者間において、従前からの賃貸借契約における賃貸人の地位を旧所有者に留保する旨を合意したとしても、これをもって直ちに前記特段の事情があるものということはできない」とする[3]。その理由は、「新旧所有者間の合意に従った法律関係が生ずることを認めると、賃借人は、建物所有者との間で賃貸借契約を締結したにもかかわらず、新旧所有者間の合意のみによって、建物所有権を有しない転貸人との間の転貸借契約における転借人と同様の地位に立たされることとなり、旧所有者がその責めに帰すべき事由によって右建物を使用管理する等の権原を失い、右建物を賃借人に賃貸することができなくなった場合には、その地位を失うに至ることもあり得るなど、不測の損害を被るおそれがあるからである」とされる。

　したがって、設例のBは、新しい建物の所有者であって、賃貸人でもあるCに対し、残存する敷金の返還債務の履行を請求することになる。

2　改正の内容

　新605条の2第2項前段は、不動産の譲渡人と譲受人とが、第一に「賃貸人たる地位を譲渡人に留保する旨」、また第二に、「その不動産を譲受人が譲渡人に賃貸する旨」の合意をした場合において、「賃貸人たる地位は、譲受人に移転しない」とする。そうすると、判例が危惧したように賃借人の地位が不安定になるかもしれないという問題に応える必要が生ずる。これについて、同項後段は、「譲渡人と譲受人又はその承継人との間の賃貸借が終了したときは、譲渡人に留保されていた賃貸人たる地位は、譲受人又はその承継

3　最判平成11年3月25日判時1674号61頁。

人に移転する」とする。

3　新法における解決

　新しい規定は、改正前法のもとにおいて判例が与えていたものとは異なる
解決をとった。

　したがって前掲の平成11年判例は、その判例が提示する規範と異なる規律
が設けられたという意味において、規範としての意義は失う。もっとも、新
605条の2第2項の規律の基本趣旨は、賃貸人の地位の留保が賃借人の状況
に不当な影響を及ぼしてはならない、という点にある。これは、まさに同判
例が慮った観点にほかならない。そこで、同判例は、なぜ新しい規定が置か
れるか、その経過事情を実質的に理解するために引き続き役立つ。

　設例においては、甲建物の売買に際し、A・Cが、第一に、Bとの賃貸借
契約における賃貸人の地位をAに留保すること、また第二に、CがAに対し
甲建物を賃貸することを合意した場合は、賃貸人である地位は、Aにとどま
る。この場合において、A・C間の賃貸借契約が終了する場合は、賃貸人で
ある地位がAからCへ移転し、これによりB・C間に賃貸借の法律関係が生
ずる。A・C間の賃貸借契約が終了する事由を新605条の2第2項後段の文
理は制限しておらず、Aの賃料不払いなど債務不履行により終了する場合も
含まれる[4]。また、A・Cが合意で賃貸借契約を終了させる場合も、そのこ
と自体は、Bに対抗することができ[5]、Bの保護は、やはりB・C間に賃貸
借の法律関係が移行することにより図られる。

　新605条の2第2項の規律は、後発的に適法転貸借の法律関係を発生させ

---

[4]　一般には、適法転貸借がされている場合において、原賃貸借が賃借人の債務不履行に
より終了するときに、原賃貸借の賃貸人が転借人に対し目的物の返還を請求するなら
ば、転貸借は履行不能により終了すると解されている。最判平成9年2月25日民集51巻
2号398頁。
[5]　適法賃貸借がされている場合の一般論は、原賃貸借の合意終了を転借人に対抗するこ
とができないとするものである。大判昭和9年3月7日民集13巻278頁。

るものであり、今後、この局面について、転貸借の一般的規律がどの範囲で、また、どのような態様で及ぶか（たとえば借地借家法34条の適用関係など）、考究されなければならない。

27

賃貸借と原状回復義務

[最判平成17年12月16日判時1921号61頁]

松尾　博憲

設 例

　Aは甲建物の所有者Bとの間で、甲建物の賃貸借契約（以下「本件賃貸借契約」という）を締結した。本件賃貸借契約においては、明渡し時に別紙の修繕費負担区分表に基づいて補修費を負担する旨の条項が設けられていた。

　上記別紙においては、襖紙・障子紙に関する「汚損・汚れ」や壁・天井等に関する「生活することによる変色・汚損・破損」とするものについて賃借人負担とされていたため（以下「本件特約」という）、Aが甲建物から退去する際に、Bは、Aが差し入れていた敷金から、これらの費用を控除した金額をAに返還したが、Aは、本件特約が通常損耗の原状回復について賃借人負担とする趣旨であれば、賃借人に不当な負担となる賃借条件を定めるもので不当であるとして、Bに対して、本件賃貸借契約に基づく敷金の約定に基づいて差し入れていた敷金の未返還額の請求をした。Aの請求は認められるか。

1　改正前法における解決

(1)　通常損耗と原状回復義務

　賃貸借が終了した場合に賃借人は、原状回復義務を負う（改正前法616条、同598条）。そして、この原状回復義務の範囲について、賃借物に生じた通常損耗（賃借物の通常の使用および収益をしたことにより生じた賃借物の劣化また

27　賃貸借と原状回復義務　157

は価値の減少。経年変化を含む）については、賃借人はこれを回復する義務を負わないとされている。これは、通常損耗にかかる原状回復費用は、当然に発生が予定されているものであって、賃料に織り込まれているという理解に基づくものである。国土交通省住宅局作成の「原状回復をめぐるトラブルとガイドライン」（平成23年8月）においても、通常損耗による原状回復費用は、賃貸人が負担することとされている。

　また、このようなルールのもとでは通常損耗の範囲が問題となることが多いため、行政が主導し、上記ガイドライン等[1]によって、トラブルを回避するための工夫がされている。

(2)　通常損耗の原状回復を賃借人負担とする特約の可否

　通常損耗にかかる原状回復費用を賃貸人が負担する理由からすると、その費用を賃料から控除し、賃料をその分低額にして、通常損耗を含む費用を賃借人負担とする旨の合意をすることは可能であると解されている[2]。しかし、通常損耗にかかる原状回復費用が賃借人負担とされている場合に、賃料がその分低額にされているかどうかを検証することはきわめて困難であり、また、居住用建物の賃貸借であれば、契約条件について実質的な交渉がされることもないため、賃借人が不利益を受けるおそれがあるという問題が指摘されてきた。

　設例のような事案において、判例（最判平成17年12月16日判時1921号61頁）（以下「平成17年最判」という）は、「建物の賃借人にその賃貸借において生ずる通常損耗についての原状回復義務を負わせるのは、賃借人に予期しない特別の負担を課すことになるから、賃借人に同義務が認められるためには、少

1　このほか、東京都は「賃貸住宅トラブル防止ガイドライン」を策定し、原状回復の範囲についての考え方を示している。
2　通常損耗に係る原状回復費用を賃借人負担とする特約については、原状回復費用を敷金から控除する旨の特約（敷引特約）の効力が問題となることも多い。また、賃貸借の原状回復に関する特約として、退去の際の室内の清掃費用を賃借人が負担する旨を定めるクリーニング特約の効力が問題となることもある。

なくとも、賃借人が補修費用を負担することになる通常損耗の範囲が賃貸借契約書の条項自体に具体的に明記されているか、仮に賃貸借契約書では明らかでない場合には、賃貸人が口頭により説明し、賃借人がその旨を明確に認識し、それを合意の内容としたものと認められるなど、その旨の特約（以下「通常損耗補修特約」という。）が明確に合意されていることが必要であると解するのが相当である」と判示し、当該事案においては、①賃貸借契約書には、通常損耗補修特約の成立が認められるために必要なその内容を具体的に明記した条項はないといわざるをえないこと、②本件契約を締結する前に入居説明会を行っているが、その際の原状回復に関する説明内容としても、通常損耗補修特約の内容を明らかにする説明はなかったといわざるをえないことを認定して、通常損耗補修特約の合意が成立しているということはできないと判断した。

(3) 設例の解決

したがって、設例においても、本件賃貸借契約において、通常損耗補修特約の成立が認められるために必要な内容を具体的に明記した条項があるか、その内容を明らかにする説明があるという事情がなければ、AのBに対する未返還額の敷金の返還請求が認められる可能性がある。

2 新法のもとでの原状回復義務

新法は、賃貸借終了時の原状回復義務について明文の規定を設け、「賃借人は、賃借物を受け取った後にこれに生じた損傷（通常の使用及び収益によって生じた賃借物の損耗並びに賃借物の経年変化を除く。以下この条において同じ。）がある場合において、賃貸借が終了したときは、その損傷を原状に復する義務を負う」とする（新621条）。これは、通常損耗や経年変化についての原状回復義務が賃貸人負担であるとする現在の判例・実務の考え方を明文化するものである。

また、この規定は、平成17年最判を明文化するものであると説明されてい

るため[3]、通常損耗等についての原状回復を賃借人負担とする合意の効力については、この平成17年最判の考え方がなお妥当することになる。

3　新法における解決

　したがって、設例については、新法のもとにおいても、改正前法と同じ解決になるものと考えられる。

　通常損耗または経年変化についての原状回復義務を賃借人負担とする合意をする場合には、契約上その旨を明記し、賃借人にその内容を認識させることが重要である。

3　部会資料69Ａ・62頁。

28

雇用と危険負担

[最判昭和62年4月2日判時1244号126頁]

松尾　博憲

設 例

　Aは、タクシー運転手として、Bに雇用されていた者である。Bは、A を懲戒解雇したが、Aはこの解雇が無効であるとして、Bに対して、雇用 契約上の地位を有することの確認と解雇期間中の賃金の支払を求めて訴え を提起した。

　その後、Bによる懲戒解雇が無効である旨の判断が確定したが、Aは解 雇期間中に、Cにおいて勤務し、Cから解雇前の平均賃金額を上回る賃金 額を受領していた。

　Bは、解雇期間中の賃金額の支払において、AがCから受領していた賃 金額を控除すべきであると主張した。Bの主張は認められるか。

1　改正前法における解決

(1)　危険負担と賃金請求権の発生

　使用者による不当解雇等の使用者の責めに帰すべき事由により、労働者が 労務の提供が履行不能になった場合における賃金請求権の帰趨については、 労働基準法26条が問題となり、民法と労働基準法26条との関係など労働基準 法に関する論点も問題となるが、本稿では、民法の解釈問題について検討す ることとし、その関係で必要な範囲でのみ労働基準法にも言及する。

　賃金は、労働者が労働に従事することの対価として給付されるものであ り、労務の給付がない場合には、賃金請求権は発生しない（ノーワーク・ノー

28　雇用と危険負担　161

ペイの原則）。もっとも、使用者の責めに帰すべき事由がある場合には、労働者は、改正前法536条2項を根拠として、賃金の支払を請求することができると解されている。

判例（最判昭和62年7月17日民集41巻5号1283頁・ノースウエスト航空事件）は、労働基準法26条における「責めに帰すべき事由」の意義について、「『使用者の責に帰すべき事由』とは、取引における一般原則たる過失責任主義とは異なる観点をも踏まえた概念というべきであつて、民法536条2項の『債権者ノ責ニ帰スヘキ事由』よりも広く、使用者側に起因する経営、管理上の障害を含むものと解するのが相当である」と判示している。この判例は、賃金請求権の発生根拠としての改正前法536条2項における「責めに帰すべき事由」の意義について、故意、過失または信義則上これと同視すべき事由を意味するという理解を前提として、経営・管理上の障害はこれに含まれないと判断したと解されている。

したがって、使用者による不当解雇や出勤停止については、民法と労働基準法のいずれについても「責めに帰すべき事由」があるとされるのに対して、監督官庁の勧告による操業停止、親会社の経営難のための資金・資材の入手困難等については、改正前法536条2項における「責めに帰すべき事由」はないが、労働基準法における「責めに帰すべき事由」はあると解されている[1]。

(2) 利益（中間収入）の償還

労働者が使用者の責めに帰すべき事由によって労務の給付をしていなかった期間中、使用者以外の者から収入（中間収入）を得ていた場合に、労働者がこの中間収入を使用者に償還しなければならないかという問題がある。これは、改正前法536条2項後段が「債務者は、自己の債務を免れたことによって利益を得たときは、これを債権者に償還しなければならない」として

1　菅野和夫『労働法〔第11版〕補正版』（弘文堂、2017年）440頁。

おり、中間収入が債務を免れたことによって得た利益に当たるかという問題である。

　この問題について、かつては、労務の給付を免れたことと中間収入を得たことに相当因果関係があるかという点をめぐって議論が対立していたが[2]、判例（最判昭和37年7月20日民集16巻8号1656頁）は、労働者が労働日の全労働時間を通じて使用者に対する勤務に服すべき義務を負うものであるから、使用者の責めに帰すべき事由によって解雇された労働者が解雇期間内に他の職について利益を得たときは、その利益が副業的なものであって解雇がなくても当然取得しうる等特段の事情がない限り、使用者に償還すべきであるとした。

　もっとも、使用者に中間収入を償還しなければならないとしても、労働基準法26条が平均賃金の6割を休業手当として保証していることとの関係で、使用者への償還の範囲およびその方法が問題となる。この点について前記最判37年7月20日は、まず、中間収入を控除する限度は平均賃金の4割の範囲内にとどめるべきであるとして、それを超える部分を償還する必要があるとした。そして、解雇期間中に、労働者が、解雇前に受け取っていた賃金以上の収入を得ていたため、この収入を平均賃金算定の基礎に算入されない賃金（労働基準法12条4項）である一時金から控除することができるか否かが争われた判例（最判昭和62年4月2日判時1244号126頁・あけぼのタクシー解雇事件）では、「使用者が労働者に対して有する解雇期間中の賃金支払債務のうち平均賃金額の6割を超える部分から当該賃金の支給対象期間と時期的に対応する期間内に得た中間利益の額を控除することは許されるものと解すべきであり、右利益の額が平均賃金額の4割を超える場合には、更に平均賃金算定の基礎に算入されない賃金（労働基準法12条4項所定の賃金）の全額を対象として利益額を控除することが許されるものと解せられる」とする。

2　『最高裁判所判例解説民事篇昭和37年』292頁〔渡部吉隆〕において、対立する見解が紹介されている。

⑶ 設例の結論

したがって、設例では、Bは、平均賃金額の6割を超える部分から、Aが解雇期間中の賃金の支給対象期間と時期的に対応する期間内にCから受領した賃金額を控除することができる。また、本件では、AがCから受領した賃金が、解雇前の平均賃金額を超えており、平均賃金算定の基礎に算入されない賃金の全額を対象として、利益を控除することができることとなる。

2　新法のもとでの危険負担制度

⑴　民法536条2項の改正

新法は、解除について、契約の拘束力からの解放のための制度であると位置づけて、その要件として債務者の帰責事由を不要とした。これによって、解除制度と危険負担制度の役割に重複が生ずるため、危険負担制度のあり方が問題となった。履行不能による契約の解除と危険負担との重複は避けるべきであることを前提に、その方法としては、端的に、改正前法536条1項の危険負担の制度を廃止し、債務者の帰責事由によらずに履行不能となった場合には、債権者は契約の解除のみをすることができるとする考え方（解除一元化案）が主張されていた。もっとも、これに対しては、自己の帰責事由によらずに債務の履行が不能となった債務者は本来の債務も塡補賠償の債務も履行する必要がなくなるのに、債権者は解除の意思表示を債務者に到達させなければ自己の反対給付債務を免れることができないこととなり、当事者間の公平を害する結果になりかねないとの指摘など、解除一元化案に対しては懸念が多く示された。

そのため、新法は、危険負担の制度を、債権者の反対給付債務を消滅させるものではなく、債権者が反対給付債務の履行を拒むことができるというものに改めることによって、両制度の重複の問題は回避することとした。この結果、新536条2項は、債権者の責めに帰すべき事由によって履行不能となったときに、「債権者は、反対給付の履行を拒むことができない」旨の規

定として改められた。そのうえで、同項後段は、実質的にそのまま維持されている。

⑵ 債権者の帰責事由による履行不能の場合における賃金請求権

新536条2項は、債権者が反対給付を履行拒絶することができない旨の規定に改められたが、引き続き、債権者の帰責事由による履行不能の場合における賃金請求権の発生根拠規定として機能することが想定されている。すなわち、賃金請求権については、使用者は、本来契約と同時には発生しない債権が同項の適用される場面では発生するから、その賃金請求権の履行を拒むことができなくなるという読み方をすることになると説明されている[3]。

3　新法における解決

上記のとおり、新法のもとにおいても、債権者の帰責事由による履行不能の場合の賃金請求権の発生に関する考え方に変わりはないので、改正前法下の解決と同じ解決になると考えられる。

3　民法（債権関係）部会第94回会議議事録32頁〔金関係官発言〕。

29

請負報酬債権と瑕疵担保責任に基づく損害賠償請求権との相殺

[最判平成 9 年 2 月14日民集51巻 2 号337頁]
[最判平成 9 年 7 月15日民集51巻 6 号2581頁]

松尾　博憲

設 例

　請負人Ｘと注文者Ｙは、ホテルの建築工事を、報酬9800万円、引渡期限を平成30年 2 月28日とする請負契約（以下「本件請負契約」という）を平成27年10月 4 日に締結した。本件請負契約においては、請負人の責めに帰すべき事由によって目的物の引渡しが遅れた場合には、 1 日当り契約額の1000分の 1 に相当する遅延損害金を支払うこととされていた。その後、工事の進行中に、 2 回の追加工事が行われ、 1 回目の追加工事の報酬額が641万2950円、 2 回目の追加工事の報酬額は152万3970円であった。

　Ｘは引渡期限に34日遅延して、平成30年 4 月17日、工事を完成させ、ホテルをＹに引き渡した。引渡しの遅延に基づき発生した遅延損害金の額は、333万2000円であった。

　また、完成したホテルには、①客室敷居の木材のねじれ、化粧土台のゆがみ等の瑕疵や、②浴室のゴムシート防水工事等の未施行が存在し、それぞれの修補のために要する費用は、①について 5 万1500円（以下「本件損害賠償請求権①」という）、②について1560万9000円（以下「本件損害賠償請求権②」という）であった。

　Ｙは、Ｘに対して、報酬額のうち、8000万円を支払っただけであったため、Ｘは、Ｙに対して、報酬額の残額である2593万6920円および引渡しの日の翌日から支払ずみまでの遅延損害金の支払を求めて訴えを提起した。

　これに対し、Ｙは、口頭弁論期日において、まず、ホテルの引渡しの履

行遅滞に基づく損害賠償請求権と本件損害賠償請求権①を自働債権とし、請求された報酬債権と相殺する旨の意思表示をし、その後、本件損害賠償請求権②を自働債権とし、一回目の相殺後の報酬債権と相殺する旨の意思表示をした。

Yは、改正前法634条2項により、請負の報酬債権と本件損害賠償請求権①および本件損害賠償請求権②とは、全額について同時履行の関係にあるとして、相殺後の報酬債権については、相殺の意思表示をした日の翌日から遅延損害金が発生する旨を主張した。Yの主張は認められるか。

1 改正前法における解決

(1) 改正前法634条2項

① 同時履行関係が成立する範囲

請負の仕事の目的物に瑕疵がある場合には、注文者は、請負人に対して、瑕疵の修補を請求することができるほか、瑕疵の修補にかえて、またはその修補とともに、損害賠償の請求をすることができる（改正前法634条）。また、仕事の目的物に瑕疵があり、そのために契約をした目的を達することができないときは、建物その他の土地の工作物が仕事の目的物である場合を除き、注文者は、契約の解除をすることができる（同635条）。

改正前法634条2項は、注文者が、瑕疵の修補にかえて、またはその修補とともに、損害賠償の請求をする場合について、同533条の規定を準用し、同時履行の関係にあるとする。もっとも、この損害賠償請求権と報酬債権が同時履行の関係に立つのが、対当額の範囲に限られるのか、それとも全額についてなのか明らかではなかった。

この点について、判例（最判平成9年2月14日民集51巻2号337頁）（以下「平成9年最判」という）は、「請負契約において、仕事の目的物に瑕疵があり、注文者が請負人に対して瑕疵の修補に代わる損害の賠償を求めたが、契約当

事者のいずれからも右損害賠償債権と報酬債権とを相殺する旨の意思表示が行われなかった場合又はその意思表示の効果が生じないとされた場合には、民法634条2項により右両債権は同時履行の関係に立ち、契約当事者の一方は、相手方から債務の履行を受けるまでは、自己の債務の履行を拒むことができ、履行遅滞による責任も負わないものと解するのが相当である。しかしながら、瑕疵の程度や各契約当事者の交渉態度等に鑑み、右瑕疵の修補に代わる損害賠償債権をもって報酬残債権全額の支払を拒むことが信義則に反すると認められるときは、この限りではない」と判示し、原則として、瑕疵の修補にかわる損害賠償請求権と報酬債権は全額について同時履行の関係に立つとした。

　一般論として、抗弁が付着している債権を自働債権とする相殺はすることができないと解されている。この場合に相殺することができるとすると、相手方の抗弁を一方的に奪うことができることになるからである。もっとも、請負契約における報酬債権と瑕疵修補にかわる損害賠償請求権については、瑕疵修補にかわる損害賠償請求権が、実質的、経済的に報酬債権を減額し、当事者が相互に負う義務について等価関係をもたらす機能を有するものであるとされているため（最判昭和51年3月4日民集30巻2号48頁）、相殺をすることができるとされているが、このことからすると、同時履行関係が成立する範囲については、対当額の範囲に限られるとも考えられる。しかし上記最判は、「右のように解さなければ、注文者が同条1項に基づいて瑕疵の修補の請求を行った場合と均衡を失し、瑕疵ある目的物しか得られなかった注文者の保護に欠ける」としている。これは、仕事の目的物について瑕疵修補請求をする場合には、瑕疵修補請求権と報酬債権全額について同時履行関係が認められると解されており1、そのこととの均衡から、瑕疵修補にかわる損害賠償請求権についても、報酬債権との間に全額について同時履行関係を認め

1　もっとも、瑕疵がきわめて軽微な場合には、報酬債権の全額について支払を拒むことはできないと解されている（我妻榮『債権各論中巻二』〔岩波書店、1962年〕636頁）。

ることが合理的であるという点を根拠としたものと考えられる。もっとも、
「瑕疵が軽微な場合においても報酬残債権全額について支払が受けられない
とすると請負人に不公平な結果となるからである（なお、契約が幾つかの目的
の異なる仕事を含み、瑕疵がそのうちの一部の仕事の目的物についてのみ存在す
る場合には、信義則上、同時履行関係は、瑕疵の存在する仕事部分に相当する報
酬額についてのみ認められ、その瑕疵の内容の重要性等につき、当該仕事部分に
関して、同様の検討が必要となる）」として、損害賠償請求権と報酬債権の全
額について同時履行関係が成立しない場合があることに言及している。

② 同時履行関係と相殺の遡及効との関係

ところで、相殺は、相殺適状になった時にさかのぼってその効力を生ずる
こととされているため（506条2項）、報酬債権と瑕疵修補にかわる損害賠償
請求権を相殺した場合に、相殺後の残額が履行遅滞となる時期がいつか問題
となる。

相殺の遡及効によっても、相殺の意思表示前に生じた状態を覆すことはで
きないと解されており、たとえば、賃料の不払いによって賃貸借契約が解除
された後で、賃借人が、賃貸人に対して解除前から自働債権を有していたこ
とに気づいて、不払いとなっていた賃料債務を受働債権とする相殺の意思表
示をし、さかのぼって賃料債務が消滅したとしても、賃貸借契約の解除の効
力には影響がないとされている（最判昭和32年3月8日民集11巻3号513頁）。

このような考え方からすると、相殺の意思表示がされるまでの間、報酬債
権と瑕疵修補にかわる損害賠償請求権が全額について同時履行の関係にあ
り、そのために履行遅滞に陥っていなかった状態は、相殺の遡及効によって
影響を受けることはなく、相殺後の残債務については、相殺の意思表示がさ
れた日の翌日から遅滞に陥ることになる。判例（最判平成9年7月15日民集51
巻6号2581頁）もその旨判示している。

(2) 設例の解決

したがって、設例については、報酬債権と本件損害賠償請求権①および本

件損害賠償請求権②とは、全額について同時履行の関係にあり、そのことは、相殺の意思表示がされたことによって影響を受けないから、Yが2回目の相殺の意思表示をした日の翌日から遅延損害金が発生することになる。

2　新法のもとでの請負の担保責任

(1)　契約不適合責任制度への改正

　新法は、売買と請負における瑕疵担保責任の制度を契約不適合責任という制度へと全面的に改めている。売買については、瑕疵担保責任の法的性質をめぐって、法定責任説と契約責任説との争いがあり、実質的な規律内容がわかりにくいという問題があったことから、いわゆる契約責任説の考え方に沿ってルールを改め、売買の目的物の品質等が契約の内容に適合しない場合には、売主が債務不履行責任と同質の責任を負うこととしたものである。

　そのうえで、新法では、改正前法634条1項および同条2項前段を削除している。これは、売主や請負人の担保責任を契約に基づく通常の債務不履行責任と同質なものとし、さらに、売買の担保責任に関する規定を請負を含む売買以外の有償契約に包括的に準用するにあたって、売買と同趣旨の規定についてはこの包括準用規定に委ねるとの整理を行った結果、改正前法634条1項および同条2項前段については、削除することとするのが整合的であると考えられたからである[2]。

　その結果、請負については、仕事の目的物の種類または品質が契約の内容に適合しない場合には、注文者は、請負人に対して、修補等の履行の追完、代金減額請求、債務不履行による損害賠償請求および解除をすることができることになる（新559条、新562条〜564条）。

(2)　同時履行の抗弁

　改正前法533条は、双務契約の当事者の一方は、相手方がその債務の履行

2　部会資料84−3・16頁。

を提供するまでは、自己の債務の履行を拒むことができるとしていたが、新法では、債務の履行にかわる損害賠償債務の履行についても、同時履行の抗弁を有することが明らかにされた。

改正前法634条2項後段は、瑕疵の修補にかわる損害賠償を請求する場合には、請負人の本来の債務の履行を求めるものではないので、報酬請求に対して当然に同時履行を主張しえないはずであるが、それでは注文者に酷な結果となるので、改正前法533条を準用したと説明されている。

今般の改正において、請負人の担保責任について、債務不履行責任と同質なものととらえる場合には、改正前法533条が直接適用されるものと整理するのが相当であり、改正前法634条2項後段については存在意義の乏しい規定になると考えられたため、削除された[3]、[4]。

3　新法における解決

(1)　報酬債権と修補にかわる損害賠償請求との相殺の可否

新法においては、仕事の目的物の品質等が契約内容に適合しない場合には、修補にかわる損害賠償請求とは別に、代金減額請求が可能であるとされている。改正前法において、修補にかわる損害賠償請求権について報酬債権との相殺が可能であるとされていたのは、修補にかわる損害賠償請求権が、実質的、経済的に報酬債権を減額し、当事者が相互に負う義務について等価関係をもたらす機能を有するものであるとされていることが根拠であったが[5]、新法においては、この機能を有する制度として代金減額請求権が新設されている。そのため、新法のもとにおける修補にかわる損害賠償請求権と報酬債権の相殺の可否があらためて問題となりうるが、代金減額請求が可能となったとしても、修補にかわる損害賠償請求が引き続き上記機能を有する

3　部会資料84-3・13頁、16頁。
4　同様の理由から、売主の担保責任と買主の債務について改正前法533条を準用していた同571条も削除されている。

29　請負報酬債権と瑕疵担保責任に基づく損害賠償請求権との相殺　171

ことは否定されないから、相殺は可能であると考えられる。

(2) 同時履行関係と相殺の遡及効

前記のとおり、新法のもとにおいても、請負の報酬債権と修補にかわる損害賠償請求権とは、新533条によって、同時履行関係が成立することになる。同時履行関係が成立する範囲については解釈に委ねられるが、新法においても、平成9年最判の考え方は妥当するので、全額について同時履行関係が成立すると解される。

そして、新法のもとでも相殺には遡及効が認められており、その考え方は改正前法から変わりがないため（本書「18 相殺」参照）、相殺の意思表示がされたとしても、同時履行関係が成立していた状態には影響しないと考えられる。

(3) 結 論

したがって、設例については、新法のもとにおいても、改正前法と同様に、Yが2回目の相殺の意思表示をした日の翌日から遅延損害金が発生することになると解される。

---

5 なお、修補にかわる損害賠償請求権の発生根拠が新415条2項であるとする見解が主張されており、この見解からは、同項3号の要件を充足しなければ、修補にかわる損害賠償請求権を行使することができなくなるという点で、改正前法との違いが生じうる。しかし、修補にかわる損害賠償請求権のような不完全履行による損害賠償請求権については新415条2項は適用されないとされており（筒井健夫ほか「民法（債権法）改正の要点(2)―金融実務に関連する項目を中心に―」金法2074号38頁）、修補にかわる損害賠償請求権の発生要件については解釈に委ねられているという点に留意する必要がある。

30

委　任

［最判昭和56年1月19日民集35巻1号1頁］

松尾　博憲

設　例

　AはBに対して所有する建物を賃貸しており、その建物の管理および賃料債権の取立てをCに委任していた。Cは取り立てた金銭をAに対して引き渡すまでの間、自己の事業資金として自由に利用することができることとされていた。この委任契約は期間を5年とし、期間満了の日の2カ月前に終了を予告しないときは、契約が更新され、さらに5年間契約を継続することとされていた。

　Aは、2回の契約更新後の契約期間中に、委任契約を解除する旨の意思表示をした。Aによる委任契約の解除の主張は、認められるか。

1　改正前法における解決

(1)　改正前法651条の趣旨

　改正前法651条は、委任者および受任者がいずれからでも委任を自由に解除することができるとし（同条1項）、相手方にとって不利な時期に解除したときは損害賠償をしなければならないが、やむをえない事由があるときは損害賠償も不要であるとしていた（同条2項）。委任の解除が自由である理由については、委任は、当事者双方の信頼関係を基礎とする契約であり、信頼関係がなくなった当事者間において委任を継続させることは無意味であるとの考慮に基づくものであると説明されている。

30　委　任　173

(2) 判例による委任者の解除権の制約

　もっとも、委任が受任者の利益のためにされているような場合にも、この規定がそのまま適用されると、受任者の利益を害することとなってしまう。そのため、判例は、当初、委任者の解除権の行使を制約することで、委任者の利益と受任者の利益の調整を図ってきた。

　すなわち、判例は、「受任者の利益をも目的とする委任」については、原則として改正前法651条による解除はできないとしていたが（大判大正9年4月24日民録26輯562頁）、その後、「受任者の利益をも目的とする委任」であっても、受任者が著しく不誠実な行動に出た場合などやむをえない事由がある場合には解除することができるとした（最判昭和40年12月17日集民81号561頁）。この、「受任者の利益をも目的とする委任」とは、単に報酬を支払う旨の特約があるだけではこれに該当せず（最判昭和43年9月3日集民92号169頁）、①自己の債権の取立て（大判大正4年5月12日民録21輯687頁）、②債務者である会社の経営（最判昭和43年9月20日集民92号329頁）などがこれに当たるとされている。

　もっとも、委任者の解除権行使を制約することで受任者の利益を保護することについては、受任者の利益を過度に保護するものであるとする批判もあった。そこで、最判昭和56年1月19日民集35巻1号1頁（以下「昭和56年最判」という）は、「本件管理契約の如く単に委任者の利益のみならず受任者の利益のためにも委任がなされた場合であつても、委任契約が当事者間の信頼関係を基礎とする契約であることに徴すれば、受任者が著しく不誠実な行動に出る等やむをえない事由があるときは、委任者において委任契約を解除することができるものと解すべきことはもちろんであるが（最高裁昭和39年㋑第98号同40年12月17日第二小法廷判決・裁判集81号561頁、最高裁昭和42年㋑第219号同43年9月20日第二小法廷判決・裁判集92号329頁参照）、さらに、かかるやむをえない事由がない場合であつても、委任者が委任契約の解除権自体を放棄したものとは解されない事情があるときは、該委任契約が受任者の利益

のためにもなされていることを理由として、委任者の意思に反して事務処理を継続させることは、委任者の利益を阻害し委任契約の本旨に反することになるから、委任者は、民法651条に則り委任契約を解除することができ、ただ、受任者がこれによつて不利益を受けるときは、委任者から損害の賠償を受けることによつて、その不利益を塡補されれば足りるものと解するのが相当である」と判示して、やむをえない事由がない場合であっても、委任者が解除権を放棄したものと解されない事情があるときは、委任を解除することができるとした。そして、委任者が解除権を放棄したものと解されない事情があることについては、解除権を行使する委任者が主張立証責任を負うものと解される[1]。

(3) 委任者の解除権行使に関する改正前法下の判例のルール

改正前法のもとにおける委任者の任意解除権に関する判例の考え方は、以下のとおり整理することができる。委任者が解除権を放棄したときに解除することができないことは当然であるといえるため、改正前法下の判例は、最終的には、委任者の任意解除権の行使自体を制限するというアプローチは採用しなかったと評価することができる。

① 受任者の利益をも目的とする委任ではない場合

委任者は解除することができる。

相手方に不利な時期に解除をしたときは、やむをえない事由がない限り、相手方の損害を賠償しなければならない。

② 受任者の利益をも目的とする委任である場合

(a) やむをえない事由があるとき

委任者は解除することができる[2]。

(b) やむをえない事由がないとき

委任者が解除権を放棄したものと解されない事情があるときは、委任者

---

1 『最高裁判所判例解説民事篇昭和56年度』18頁〔淺生重機〕。

は、委任契約を解除することができる。

受任者が解除によって不利益を受けるときは、委任者は、相手方の損害を賠償しなければならない。

(4) 設例の解決

設例において、受任者であるCは委任者であるAの債権を取り立て、それを自己の事業資金として自由に利用することができるとされていたのであり、受任者の利益をも目的とする委任に該当する。したがって、Aが解除権を放棄したものと解されない事情があるときは、委任を解除することができるが、Cが解除によって不利益を受けるときは、その損害を賠償しなければならない。

2 新法のもとでの委任者の任意解除権

(1) 新651条による解除権行使の要件

新法では、委任の任意解除権の行使について、各当事者がいつでも解除をすることができるとしたうえで（新651条1項）、解除をした者は、①相手方に不利な時期に解除したとき、または②委任者が受任者の利益（もっぱら報酬を得ることによるものを除く）をも目的とする委任を解除したときには、やむをえない事由がない限り、相手方の損害を賠償しなければならないとしている（同条2項）。

これは、昭和56年最判について、受任者の利益をも目的とする委任につい

---

2 この場合に、受任者が損害賠償責任を免れることになるか否かは、損害賠償責任の根拠を改正前法651条2項に求めるか否かが問題となる。たとえば、改正前法651条の適用範囲を無償委任に限定するという立場（広中俊雄『債権各論講義〔第6版〕』〔有斐閣、1994年〕292頁）は、有償委任の解除時における損害賠償請求権の根拠を同条2項以外に求めることになるため、やむをえない事由があるとしても、損害賠償責任を免れるか否か明確ではない。しかし、やむをえない事由があって解除を可能とする以上は、その解除権の行使を制約すべきではなく、受任者が損害賠償責任を負わないと解することが妥当であると考えられ、立案担当者もこのような理解を前提としていたと思われる（部会資料73A・17頁）。

176

ても、委任者および受任者は自由に解除することができるが、委任者が解除
した場合には、やむをえない事由があるときを除き、委任者は受任者に生じ
た損害を賠償する義務を負うものとすべきであるとの理解に基づき、これを
明文化する趣旨で改正したものである[3]。

　新651条が任意規定であると解されることからすると、委任者が解除権を
放棄したと解することができる事情があるときには、委任を解除することが
できないことになる。また、委任の当事者が委任契約を自由に解除すること
ができない旨の合意をすることも妨げられないと考えられる。そのため、昭
和56年最判の内容は実質的に維持されると考えられるが、同条の解除権を放
棄する旨の当事者間の合意があったことについては、解除権を行使された者
が主張立証しなければならないと考えられる点において、改正前法との違い
がある[4]。

(2)　損害賠償の範囲

　新651条2項に基づく損害賠償の内容については、①の解除の場合には、
解除の時期が不当であることに起因する損害のみを指すと解されるのに対
し、②の解除の場合には、委任契約が解除されなければ受任者が得たと認め
られる利益から、受任者が債務を免れることによって得た利益を控除したも
のになると解されている[5]。

　また、委任者が①および②のいずれの場合に解除したときについても、受
任者が得られるはずであった報酬が損害に含まれるかという点については、
事案に応じて決せられることになるとの理解に基づいて、明文で規定するこ
とは見送られている[6]。立案段階では、当初、報酬が損害には含まれないこ

3　部会資料73Ａ・17頁

4　もっとも、受任者の利益をも目的とする委任の場合には、委任者の解除権を放棄また
　は制約する旨の合意がされることが多いことからすると、委任者が解除権を放棄してい
　るという推定が働く場合もあるだろう。

5　部会資料73Ａ・17頁。

6　部会資料83-2・49頁。

とを明確にする案が提示されたが、これに対して疑問が示されたため、解釈に委ねられることとなった。もっとも、新651条2項2号の受任者の利益には受任者が報酬を受けられることは含まれないと考えられていることからすると、受任者の得べかりし報酬は原則として損害に含まれないと解すべきであろう。

なお上記の疑問を示す意見のなかには、任期の途中で解任された取締役が、会社法339条2項に基づいて、残存任期中の報酬全額を請求することができるという会社法上の解釈論[7]との関係を問題とするものがあった。

もっとも、この点については、会社法制定以前の議論としては妥当するものの、取締役の任期が伸長された会社法のもとにおいては、そもそも妥当な解釈論といえるのかという疑問が呈された[8]。また、会社法339条2項について、株主に解任の自由を保障する一方、取締役の任期に対する期待を保護し、両者の利益の調和を図る趣旨で法定責任を定めたものであるとされていることからすれば（会社法339条2項と同内容の規定である旧商法257条1項について判断した大阪高判昭和56年1月30日判時1013号121頁）、新651条の「損害」の範囲と異なる解釈がされることには十分に理由があるように思われる[9]。

なお、会社法339条2項の損害の範囲に関する近時の裁判例として、東京地判平成27年6月29日判時2274号113頁がある。この裁判例は、取締役の任期を10年に伸長していた会社が、定款変更により任期を1年とし、任期が5年5カ月以上残っていた取締役を退任させた事案について、かかる定款変更によって退任させられた取締役が再任されなかった場合は、会社法339条2項が類推適用されるとしたうえで、その損害額の算定において対象となる期間は、元の残任期間すべてではなく、退任した日の翌日から2年間に限られると判断したものである。この裁判例は、5年5カ月以上もの長期間にわ

7 　江頭憲治郎『株式会社法〔第6版〕』（有斐閣、2015年）395頁。
8 　民法（債権関係）部会第94回会議議事録57頁〔道垣内幹事発言〕。
9 　中田裕康『契約法』（有斐閣、2017年）535頁。

たって、会社の経営状況や当該取締役の職務内容に変化がまったくないとは
考えがたく、本来の任期満了まで退任時の月額報酬を受領しえたと推認する
ことは困難であることを指摘している。このように、解任された取締役が残
存任期中の報酬全額を損害として請求することができるとする会社法339条
2項の解釈についても、今後さらに議論が進む可能性があるように思われ
る[10]。

3　新法における解決

　新法のもとにおいて、設例のAは、委任契約において任意解除権を放棄し
ていたという事情がない限り、契約を解除することができる。もっとも、設
例の委任契約は、「受任者の利益（専ら報酬を得ることによるものを除く。）を
も目的とする委任」に該当すると解されるので、Aは、やむをえない事由が
ない限り、Cの損害を賠償しなければならない。

10　藤原総一郎ほか「債権法改正と会社法実務(1)―債権法改正と会社法の解釈論への影
　　響」旬刊商事法務2015号23頁。

■ 事項索引 ■

◆あ行

異議をとどめない承諾 ……………… 86
遺言執行者 …………………………… 49
意思推定説 …………………………… 120
意思能力 ……………………………… 2
　──無効 …………………………… 1
意思不存在 …………………………… 10
　──の錯誤 ………………………… 13
逸失利益 ……………………………… 38
委任 ………………………………… 49,173
請負契約 ……………………………… 127
請負報酬債権 ……………………… 89,168

◆か行

解除 ………………………………… 140,151
確定期限 ……………………………… 20
瑕疵 …………………………………… 143
貸金等根保証契約 ………………… 72,73
瑕疵担保責任
　…… 133,134,139,143,144,146,166
仮差押え ………………… 30,31,32,56
仮差押登記 …………………………… 31
元本確定期日 ………………………… 72
元本確定事由 ………………………… 72
期限 …………………………………… 20
危険の移転 …………………………… 141
期限の利益 …………………………… 110
危険負担 ……………………………… 161
基礎事情 …………………………… 10,12
　──の錯誤 ……………………… 12,13
客観的瑕疵概念 ……………………… 143
客観的起算点 …… 20,22,23,27,29,129
給付危険 ……………………………… 141

供託 …………………………………… 83
共同訴訟参加 ………………………… 55
共同不法行為 …………………… 100,101
強迫 …………………………………… 68
極度額 ……………………… 72,74,75
銀行取引約定書 ……………………… 124
禁反言の原則 ………………………… 79
組入合意 ……………………………… 121
組入要件 ……………………………… 122
継続的契約 ………………………… 151,152
経年変化 ……………………………… 158
契約解除 ……………………………… 128
契約自由の原則 ……………………… 70
契約の解釈 …………………………… 11
契約の内容 ………………… 134,141,145
契約不適合責任 …………………… 10,140
原状回復 ……………………………… 67
　──義務 …………………………… 157
権利濫用 …………………… 85,104,105
後遺障害逸失利益 ………………… 41,42
更改 …………………………………… 101
後見 ……………………………… 2,14
公序良俗 ……………… 89,90,93,94
抗弁放棄 …………………………… 92,94
個人貸金等根保証契約 …… 72,73,74
個人根保証契約 ……………………… 72
雇用 …………………………………… 161
混同 …………………………………… 101

◆さ行

債権者代位権 ………… 3,51,57,58,67
　──の転用 ………………………… 57
債権譲渡 ……………………………… 76

債権譲渡通知請求書 …………… 59
債権譲渡登記 …………………… 61
催告 …………………… 33,34,35
催告解除 ………………………… 131
詐害行為取消権 ………………… 62
詐欺 …………………………… 68,91
錯誤 ………………………… 5,7,91
　──の規律 ……………………… 9
錯誤取消し ……………………… 12
錯誤無効 ……………………… 2,3
敷金 …………………… 153,157
敷引特約 ………………………… 158
時効援用 ……………… 112,115
時効障害 ……………………… 30,33
時効の完成 ……………………… 99
時効の完成猶予 ……… 32,35,36,37
時効の中断 ……………………… 96
指定充当 ………………………… 118
自働債権 ………………………… 110
事務管理 ………………………… 15
借地借家法 …………… 152,156
修補 ……… 133,134,135,142,144,167
受益の意思表示 …………… 96,98
主観的瑕疵概念 ………………… 143
主観的起算点 …………… 19,129
受働債権 ………………………… 110
種類物 ……… 11,12,135,139,140,141
商行為 …………………………… 27
商事消滅時効 …………………… 27
使用者責任 ……………………… 100
症状固定時 ……………………… 39
使用貸借 ………………………… 150
譲渡禁止特約 …………………… 76
譲渡制限特約 …………………… 76
消費貸借 ……………… 20,21,147
消滅時効

　…… 19,24,100,110,112,113,129,130
除斥期間 …………………… 25,26
初日不算入の原則 ……………… 20
事理弁識能力 …………………… 1,14
信義則 …… 79,89,94,101,104,105,123
親権者 …………………………… 21
信託 ……………………………… 49
信頼関係 ………………………… 151
信頼関係破壊の法理 ……… 151,152
制限行為能力者 ………………… 17
成年後見 ………………………… 14
成年後見制度 …………………… 16
成年後見人 ……………………… 2
積極損害 ………………………… 42
占有の訴え ……………………… 58
相殺 …… 64,96,98,101,110,169,172
　──(の)充当 ………… 111,113,116
　──の遡及効 ………………… 117
相殺適状 … 111,113,114,115,117,169
相続 …………………………… 22,23
訴訟告知 ……………………… 53,54
訴訟要件 ………………………… 55
損害保険 ………………………… 41

◆た行
代位訴訟 ………………… 52,54,55
対価危険 ………………………… 141
代金減額 ………………………… 139
代金減額請求権 ………………… 140
代表取締役 …………………… 24,29
代理人 …………………………… 14
建物買取請求権 ………………… 59
担保責任 ………………………… 145
担保保存義務 …………………… 102
中間省略登記 …………………… 58
中間利息控除 …………………… 38

直近変動期	39,40	破産管財人	80
賃金	161	破産手続	80
賃借権	58,59,153	品質保証	142,144
賃貸借	157	品質保証特約	143
賃料	149	不意打ち条項	121
追完	128,130,131	復受任者	49,50
追完権	130,131	復代理人	48,49,50
追完請求権	10,12,134,135,140,146	復任権	49
追認	77	不真正連帯債務	97,100,101
通常損耗	157	不動産登記制度	58
定型取引	122	不当条項	123
定型約款	122	不法行為	24,40
定型約款準備者	123	平均賃金	163,164
適法転貸借	155	併存的債務引受	95
転貸借	156	弁済	101,102
塡補賠償	127,128,129	弁済充当	116
登記請求権	58	弁済による代位	75
動産譲渡登記	61	妨害排除請求権	58
同時履行	167	法人	25
特定物	7,11,12,132,134,135,140	法人代表	21
特別物ドグマ	7	法定充当	116
土地の工作物	167	法定代位	107
取消的無効	5	法定代理人	17,24,28
取締役	178,179	法定利率	38
取引上の社会通念	10,48	保佐	14
		保佐人	14
		保証債務	70

◆な行

任意解除権	175,176,179		
任意代理	21		
任意代理人	17		
根抵当権	70		
根保証	69		
ノーワーク・ノーペイの原則	161		

◆ま行

未成年者	21
無催告解除	128
無償委任	176
免除	99,103
免責事由	48,130
免責的債務引受	96,98

◆は行

賠償額の予定	121

事項索引　183

◆や行

約款 ···································· 119
有償委任 ····························· 176
要物契約 ····························· 148
預貯金債権 ···························· 85

◆ら行

ライプニッツ方式 ····················· 41
履行拒絶 ·············· 126,127,128,129
履行請求権 ························ 10,12

履行代行者 ···························· 45
履行担保契約 ························· 144
履行認容 ····························· 139
履行(の)請求 ························· 98
　元本確定前の—— ··············· 71,73
履行不能 ··· 127,128,129,161,164,165
履行補助者 ····················· 44,46,47
利息 ································· 147
暦日 ······························ 19,21
連帯債務 ···························· 95

■ 条文索引 ■

◆民法
・新法

新13条 1 項10号 ····· 17	
新90条 ····· 149	
新95条 1 項 ····· 13	
新95条 1 項 1 号 ····· 9,10,13	
新95条 1 項 2 号 ····· 9,13	
新95条 2 項 ····· 9	
新102条 ····· 17	
新120条 1 項 ····· 17	
新147条 ····· 36,37	
新147条 1 項 ····· 37	
新147条 1 項 1 号 ····· 36	
新149条 1 号 ····· 32	
新150条 1 項 ····· 36	
新150条 2 項 ····· 36,37	
新151条 1 項 ····· 36	
新151条 2 項 ····· 36	
新166条 1 項 ····· 20,27,32	
新166条 1 項 1 号 ····· 21,27	
新166条 1 項 2 号 ····· 20	
新169条 1 項 ····· 32	
新404条 1 項 ····· 40	
新404条 2 項 ····· 40	
新404条 4 項 ····· 39,40	
新404条 5 項 ····· 40	
新412条の 2 第 1 項 ····· 135	
新415条 ····· 140	
新415条 1 項 ····· 48,129,130	
新415条 1 項 1 号 ····· 129	
新415条 2 項 ····· 172	
新415条 2 項 1 号 ····· 128	
新415条 2 項 2 号 ····· 128,129	

新415条 2 項 3 号 ····· 172
新417条の 2 ····· 40
新417条の 2 第 1 項 ····· 43
新419条 1 項 ····· 40
新423条 ····· 61
新423条 1 項 ····· 53
新423条 2 項 ····· 54
新423条 3 項 ····· 54
新423条の 5 ····· 53
新423条の 6 ····· 53,54
新423条の 7 ····· 60,61
新424条の 6 第 1 項 ····· 66
新424条の 9 第 1 項 ····· 66
新425条の 2 ····· 67
新425条の 3 ····· 67
新439条 2 項 ····· 98,99
新445条 ····· 99,100
新466条 2 項 ····· 81
新466条 3 項 ····· 81
新466条 4 項 ····· 81
新466条の 2 第 1 項 ····· 83
新466条の 2 第 3 項 ····· 82,83
新466条の 3 ····· 82
新466条の 5 ····· 85
新470条 1 項 ····· 98,100
新470条 2 項 ····· 98
新470条 3 項 ····· 98
新483条 ····· 9 ,10,11,134
新488条 1 項 ····· 116
新488条 2 項 ····· 116
新488条 3 項 ····· 116
新488条 4 項 ····· 116
新488条 4 項 1 号 ····· 116

条文索引　185

新489条 ················· 116

新501条 2 項 ················· 75

新504条 ················· 108

新504条 1 項 ················· 108

新504条 2 項 ········· 107,108,109

新512条 ················· 116,117

新512条 1 項 ················· 116

新512条 2 項 1 号 ················· 116

新512条の 2 ················· 116

新533条 ················· 172

新536条 1 項 ················· 129

新536条 2 項 ················· 164,165

新541条 ················· 130,140,146

新542条 ················· 140,146

新542条 1 項 1 号 ················· 128,129

新542条 1 項 2 号 ················· 128,130

新542条 1 項 3 号 ···· 128,129,130,135

新542条 1 項 5 号 ················· 128,135

新548条の 2 第 1 項 ················· 122

新548条の 2 第 1 項 1 号 ················· 123

新548条の 2 第 2 項 ················· 123,124

新559条 ················· 170

新562条 ········· 10,134,140,145,170

新562条 1 項 ········· 12,134,135,140

新563条 ················· 140,145,170

新563条 1 項 ················· 135

新563条 2 項 1 号 ················· 135,140

新563条 2 項 3 号 ················· 140

新563条 2 項 4 号 ················· 135,140

新564条 ········· 140,145,146,170

新566条 ················· 135,146

新587条 ················· 149

新587条の 2 ················· 149

新589条 2 項 ················· 148,149

新597条 ················· 151

新598条 ················· 151

新598条 1 項 ················· 151

新605条の 2 第 2 項 ··········· 154,155

新605条の 4 ················· 58

新613条 1 項 ················· 149

新621条 ················· 159

新644条の 2 ················· 49

新651条 ················· 177

新651条 1 項 ················· 176

新651条 2 項 ················· 176,177

新651条 2 項 2 号 ················· 178

新722条 1 項 ················· 40

新724条 2 号 ················· 26

・新法によって変わらない条文

116条 ················· 78

119条 ················· 77

136条 2 項 ················· 112

140条 ················· 20

198条 ················· 58

200条 ················· 58

401条 ················· 11

505条 1 項 ················· 112,113

506条 2 項 ················· 114,169

508条 ········· 110,111,113,115,116

697条 ················· 15,18

702条 1 項 ················· 15

715条 ················· 100

719条 ················· 100

859条 1 項 ················· 2 ,15

861条 2 項 ················· 15

1022条 ················· 4

・改正前法

改正前法13条 1 項 ················· 15

改正前法102条 ················· 15

改正前法105条 ················· 48,49,50

改正前法145条 ……………………… 112

改正前法147条 ……………………… 31,34

改正前法147条1号 ………………… 30,34

改正前法147条2号 ……………………… 31

改正前法153条 ………………………… 34

改正前法166条1項 …………………… 19

改正前法167条 ……………………… 112

改正前法167条1項 ……………… 26,30

改正前法170条 ………………………… 27

改正前法171条 ………………………… 27

改正前法172条 ………………………… 27

改正前法173条 ………………………… 27

改正前法174条 ………………………… 27

改正前法174条の2 …………………… 30

改正前法398条の7第2項 ………… 96

改正前法404条 ………………………… 38

改正前法415条 ……………………… 44,138

改正前法423条 ………………………… 59

改正前法423条1項 …………………… 51

改正前法423条2項 …………………… 52

改正前法425条 ……………………… 62,63

改正前法434条 ……………………… 96,98

改正前法436条 ………………………… 96

改正前法436条2項 …………………… 98

改正前法437条 ………………………… 99

改正前法439条 ……………………… 97,99

改正前法466条1項 …………………… 76

改正前法466条2項 …………………… 77

改正前法468条1項 ……………… 88,90

改正前法483条 ………………………… 7,9

改正前法488条 ……………………… 114

改正前法489条 ……………………… 114,115

改正前法490条 ……………………… 114

改正前法491条 ……………………… 114,115

改正前法494条 ………………………… 83

改正前法500条 ……………………… 102

改正前法504条
 ……………… 102,103,104,106,108

改正前法512条 ……………………… 113,114

改正前法533条 ………… 167,170,171

改正前法536条1項 ………………… 164

改正前法536条2項 ………………… 162

改正前法542条 ……………………… 138

改正前法543条 ……………………… 127

改正前法566条1項 ………………… 144

改正前法570条 ………… 133,139,144

改正前法597条1項 ………………… 150

改正前法597条2項 ………………… 151

改正前法597条3項 ………………… 150

改正前法598条 ……………………… 157

改正前法616条 ……………………… 157

改正前法634条 ……………………… 167

改正前法634条1項 ………… 167,170

改正前法634条2項
 ……………… 167,168,170,171

改正前法635条 ……………………… 167

改正前法651条 …… 173,174,175,176

改正前法651条1項 ………………… 173

改正前法651条2項 ………… 173,176

改正前法724条 ………… 21,24,25,26

改正前法724条2号 …………………… 26

改正前法1016条2項 ………………… 49

・民法の一部を改正する法律附則
新附則15条2項 …………………… 40

◆民法以外の法律
・会社法
会社法339条2項 ……………… 178,179

会社法386条1項1号 ………………… 29

会社法423条 …………………… 26,28

条文索引　187

・会社更生法

会社更生法136条1項1号 ………… 38

会社更生法136条1項2号 ………… 38

・皇室典範

皇室典範16条2項 ……………… 22

・国会法

国会法21条 ……………………… 22

・商法

商法の改正前規定522条 …… 26,27,30

旧商法257条1項 ………………… 178

旧商法266条1項5号 …………… 26

・借地借家法

借地借家法34条 ………………… 156

・消費者契約法

消費者契約法10条 ………… 104,149

・信託法

信託法28条2号 ………………… 49

信託法35条 ……………………… 49

・非訟事件手続法

非訟事件手続法88条3項 ………… 52

・民事再生法

民事再生法87条1項1号 ………… 38

民事再生法87条1項2号 ………… 38

・民事執行法

民事執行法88条2項 …………… 38

・民事訴訟法

民事訴訟法142条 ……………… 53

民事訴訟法261条2項 …………… 37

・民事保全法

民事保全法37条3項 ………… 31,32

民事保全法38条1項 ………… 31,32

・労働基準法

労働基準法12条4項 …………… 163

労働基準法26条 …… 161,162,163

■ 判例索引 ■

◆明治
大判明治38年 5 月11日民録11輯706頁 ･･････････････････････････ 1,2
大判明治43年 7 月 6 日民録16輯537頁 ･･････････････････････ 57,58,60
大判明治44年 3 月24日民録17輯117頁 ･････････････････････････ 63

◆大正
大判大正 4 年 5 月12日民録21輯687頁 ･････････････････････････ 174
大判大正 4 年12月24日民録21輯2182頁 ･･････････････････ 119,120
大判大正 6 年 2 月24日民録23輯284頁 ････････････････････････ 7,8
大判大正 8 年 6 月26日民録25輯1178頁 ････････････････････････ 59
大判大正 9 年 4 月24日民録26輯562頁 ･････････････････････････ 174
大判大正10年 6 月18日民録27輯1168頁 ･････････････････････････ 64
大判大正13年 6 月23日民集 3 巻339頁 ･･････････････････････････ 144
大判大正14年 3 月13日民集 4 巻217号 ･･････････････････････････ 139
大判大正15年11月25日民集 5 巻763頁 ･･･････････････････････ 126,127

◆昭和
大判昭和 4 年12月16日民集 8 巻944頁 ･･････････････････････････ 58
大判昭和 7 年 4 月20日新聞292号14頁 ･･････････････････････････ 112
大判昭和 8 年 1 月14日民集12巻71頁 ･････････････････････････ 142,143
大判昭和 9 年 3 月 7 日民集13巻278頁 ･･････････････････････････ 155
大判昭和10年 8 月10日新聞3882号17頁 ･････････････････････････ 96
大判昭和11年 4 月15日民集15巻781頁 ･･････････････････････････ 96
大判昭和12年 5 月15日新聞4133号16頁 ･････････････････････････ 104
大判昭和13年 9 月10日民集17巻1731頁 ･･･････････････････････ 25,28
大判昭和14年 5 月16日民集18巻557頁 ･････････････････････････ 51,52
大判昭和16年 2 月10日民集20巻79頁 ･･･････････････････････････ 64
最判昭和29年 9 月24日民集 8 巻 9 号1658頁 ･･････････････････････ 58
最判昭和31年10月 4 日民集10巻10号1229頁 ･･･････････････････････ 4
最判昭和32年 3 月 8 日民集11巻 3 号513頁 ･･････････････････････ 169
最判昭和33年 6 月 6 日民集12巻 9 号1373頁 ･･････････････････ 147,148
最判昭和36年12月15日民集15巻11号2852頁 ････････････ 135,137,139
最判昭和37年 7 月20日民集16巻 8 号1656頁 ･････････････････････ 163

判例索引　189

最判昭和38年 1 月18日民集17巻 1 号 1 頁 ························· 35

最判昭和38年 4 月23日民集17巻 3 号536頁 ····················· 59

最判昭和39年 1 月23日民集18巻 1 号76頁 ······················ 64

最判昭和40年12月17日集民81号561頁 ························· 174

最判昭和41年12月20日民集20巻10号2139頁 ············· 95, 97, 100

最判昭和42年10月27日民集21巻 8 号2161頁 ············· 86, 88, 92

最判昭和42年11月24日民集21巻 9 号2460頁 ··············· 150, 151

最判昭和43年 9 月 3 日集民92号169頁 ························· 174

最判昭和43年 9 月20日集民92号329頁 ························· 174

最判昭和44年 7 月17日民集23巻 8 号1610頁 ··················· 153

最判昭和45年 3 月26日民集24巻 3 号151頁 ······················ 3

最判昭和46年 4 月23日民集25巻 3 号388頁 ····················· 153

東京地判昭和47年 6 月30日判時678号26頁 ····················· 121

最判昭和48年 4 月24日民集27巻 3 号596頁 ······················ 53

最判昭和48年 7 月19日民集27巻 7 号308頁 ··················· 77, 85

最判昭和49年12月17日民集28巻10号2059頁 ···················· 25

最判昭和50年11月28日民集29巻10号1797頁 ···················· 35

最判昭和51年 3 月 4 日民集30巻 2 号48頁 ····················· 168

最判昭和52年 3 月17日民集31巻 2 号308頁 ··················· 77, 78

札幌地判昭和54年 3 月30日判時941号111頁 ··············· 120, 121

最判昭和56年 1 月19日民集35巻 1 号 1 頁 ·········· 173, 174, 176, 177

大阪高判昭和56年 1 月30日判時1013号121頁 ··················· 178

最判昭和56年 7 月 2 日民集35巻 5 号881頁 ········ 110, 114, 116, 117

最判昭和61年 3 月17日民集40巻 2 号420頁 ····················· 112

最判昭和62年 2 月20日民集41巻 1 号159頁 ····················· 121

最判昭和62年 4 月 2 日判時1244号126頁 ··················· 161, 163

山口地判昭和62年 5 月21日判時1256号86頁 ··················· 121

最判昭和62年 7 月17日民集41巻 5 号1283頁 ··················· 162

福岡高判昭和62年12月10日判時1278号88頁 ··········· 24, 25, 28, 29

最判昭和62年12月17日集民152号281頁 ························ 39

◆平成

最判平成元年12月21日民集43巻 2 号2209頁 ···················· 25

最判平成 2 年 4 月12日金法1255号 6 頁 ······················· 105

最判平成 3 年 9 月 3 日民集45巻 7 号1121頁 ··················· 106

最判平成 5 年12月16日家月46巻 8 号47頁 ······················ 13

最判平成 7 年 6 月 9 日民集49巻 6 号1499頁 ···································· 44, 47
最判平成 7 年 6 月23日民集49巻 6 号1737頁 ·········· 102, 104, 105, 106, 107, 108, 109
最判平成 9 年 2 月14日民集51巻 2 号337頁 ····························· 166, 167, 172
最判平成 9 年 2 月25日民集51巻 2 号398頁 ··································· 155
最判平成 9 年 6 月 5 日民集51巻 5 号2053頁 ······························ 76, 78, 79
最判平成 9 年 7 月15日民集51巻 6 号2581頁 ································ 166, 169
最判平成 9 年11月11日民集51巻10号4077頁 ······························ 86, 89, 90
最判平成10年11月24日民集52巻 8 号1737頁 ································ 30, 31
最判平成11年 3 月25日判時1674号61頁 ······························ 153, 154, 155
最判平成13年11月16日金法1670号63頁 ····································· 62, 65
東京地判平成14年 9 月26日判時1806号147頁 ·································· 29
最判平成17年 6 月14日民集59巻 5 号983頁 ································· 38, 39
最判平成17年12月16日判時1921号61頁 ····················· 157, 158, 159, 160
最判平成18年 7 月14日判時1946号45頁 ····································· 14, 15
最判平成20年 1 月28日民集62巻 1 号128頁 ··································· 26
最判平成21年 3 月27日民集63巻 3 号449頁 ································· 76, 79, 80
最判平成22年 6 月 1 日民集64巻 4 号953頁 ································ 132, 133
最判平成24年12月14日民集66巻12号3559頁 ·························· 69, 70, 71, 73
最判平成25年 2 月28日民集67巻 2 号343頁 ···················· 110, 112, 113, 116
最判平成25年 6 月 6 日民集67巻 5 号1208頁 ································· 33, 34
札幌高判平成26年 5 月25日判時2245号31頁 ································· 19, 21
最判平成27年 6 月 1 日民集69巻 4 号672頁 ································· 86, 87
東京地判平成27年 6 月29日判時2274号113頁 ································· 178
最決平成27年 7 月 8 日家庭の法と裁判 4 号66頁 ······························· 21

新債権法が重要判例に与える影響

2018年6月12日　第1刷発行

著　者　松　尾　博　憲

山野目　章　夫

発行者　小　田　　徹

印刷所　奥村印刷株式会社

〒160-8520　東京都新宿区南元町19

発　行　所　一般社団法人 金融財政事情研究会

企画・制作・販売　株式会社きんざい

出版部　TEL 03(3355)2251　FAX 03(3357)7416

販売受付　TEL 03(3358)2891　FAX 03(3358)0037

URL http://www.kinzai.jp/

・本書の内容の一部あるいは全部を無断で複写・複製・転訳載すること、および
磁気または光記録媒体、コンピュータネットワーク上等へ入力することは、法
律で認められた場合を除き、著作者および出版社の権利の侵害となります。
・落丁・乱丁本はお取替えいたします。定価はカバーに表示してあります。

ISBN978-4-322-13245-8